Annemarie Stoltenberg

Wenn ein neues Leben beginnt

Annemarie Stoltenberg

Wenn ein neues Leben beginnt

Die schönsten Geschichten über die Geburt
und das Wunder der ersten Stunden

Mit Illustrationen
von Amarins de Jong

*Wäre ich allein in einer Wüste, wo es mich grauste,
hätte ich da ein Kind bei mir, so verginge mir das Grausen,
und ich würde gekräftigt; so edel und so lustvoll und so
kräftig ist das Leben in sich selbst.*

MEISTER ECKHART

Inhalt

Vorwort 13

IN DER ERINNERUNG IST ES SANFT UND VOLLER FREUDE

FEN VERSTAPPEN
Lebenslektionen meiner Mutter 20

ANDREAS GRYPHIUS
Epigramme 22

FRIEDRICH HEBBEL
Auf ein schlummerndes Kind 25

RABINDRANATH TAGORE
Der zunehmende Mond 27

WUNDER DES LEBENS

ISADORA DUNCAN
Memoiren 32

CHRISTIAN GRAF VON KROCKOW
Die Stunde der Frauen 37

STINE PILGAARD
Meter pro Sekunde 44

ANNEMARIE STOLTENBERG
Da: Ein Mensch! 47

MARIE LUISE KASCHNITZ
Die Mutter spricht 50

EIN HARTES STÜCK ARBEIT

SIGRID UNDSET
Kristin Lavranstochter 54

WOLF LÜTJE
Schmerz 67

MÄRTA TIKKANEN
Aifos heißt Sofia.
Leben mit einem besonderen Kind 71

EMMA BRACKERT
Allein gelassen 77

HINTER GESCHLOSSENEN TÜREN

THEODOR FONTANE
Effi Briest 84

MATTHIAS CLAUDIUS
Die Mutter bei der Wiege 88

HONORÉ DE BALZAC
Memoiren zweier jungen Frauen 90

WILHELM RAABE
Der Hungerpastor 93

HEINRICH SEIDEL
Leberecht Hühnchen 101

MÄNNER BEI DER GEBURT

THOMAS MANN
Briefe 1889–1936 110

FRÉDÉRIK SCHWILDEN
Toxic Man 113

JANE LAZARRE
Der Mutterschaftswahn 120

LUDWIG GANGHOFER
Lebenslauf eines Optimisten 127

GEBURTSHELFER

REINHARD GOERING
Jung Schuk 136

MAXIM GORKI
Wie ein Mensch geboren ward 141

LEVI HENRIKSEN
Plötzlich im Dezember 158

ABENTEUERLICHE UMSTÄNDE

BRÜDER GRIMM
Rapunzel 174

CHARLOTTE MCCONAGHY
Wo die Wölfe sind 181

JOHANN WOLFGANG GOETHE
Aus meinem Leben.
Dichtung und Wahrheit 187

STERNENKINDER

EILÍS NÍ DHUIBHNE
Hebamme für die Feen 192

KARINA SAINZ BORGO
Das dritte Land 204

MELISSA DA COSTA
Apfeltage 207

PAUL GERHARDT
An die Eltern bei
dem Grabe ihres Kindes 213

LILY BRAUN
Memoiren einer Sozialistin 216

KÄTHE KRUSE
Ich und meine Puppen 219

Dank 223

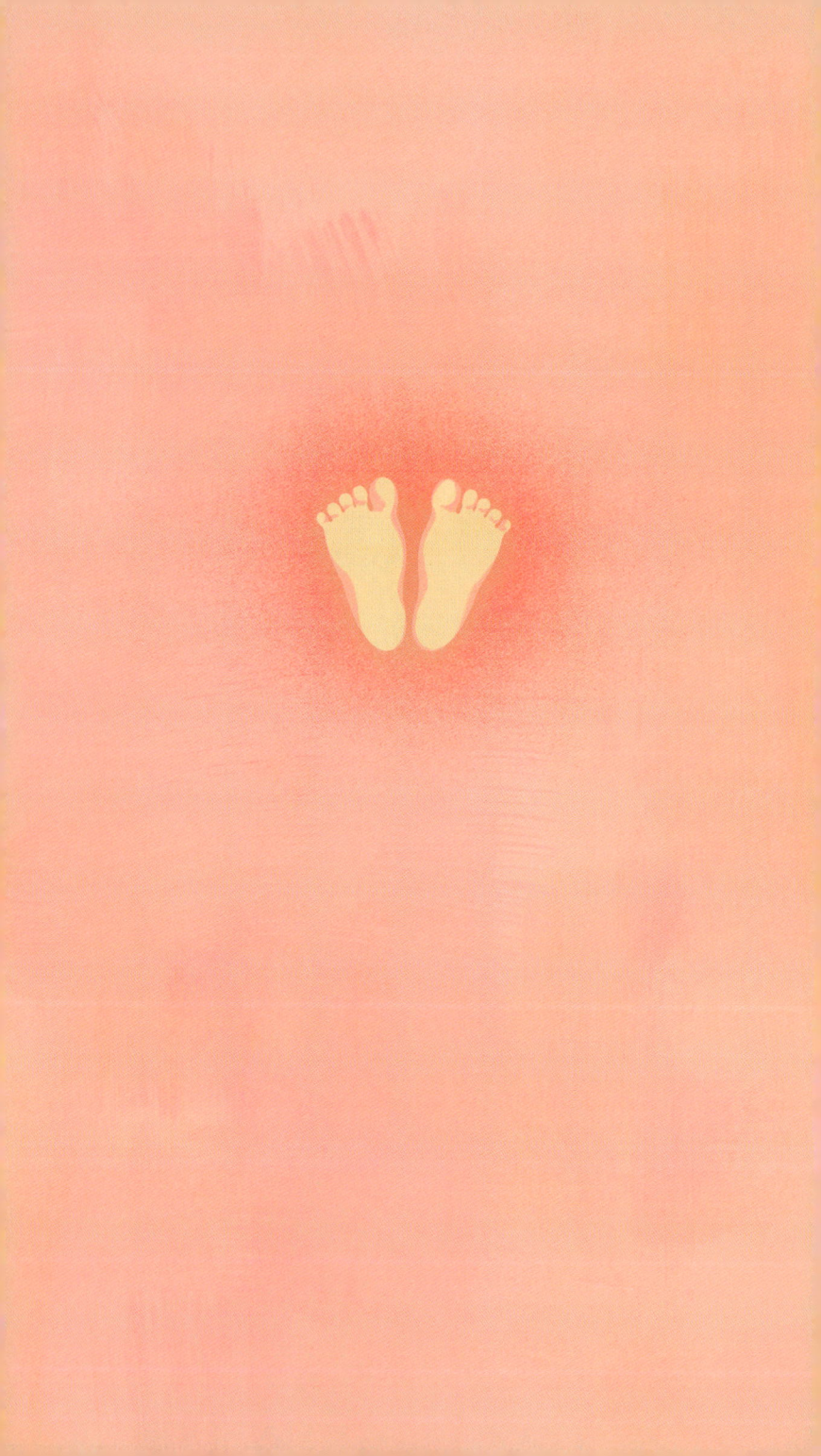

Vorwort

»Ich hätte nichts sagen können, wovon es geheißen hätte, ja, das stimmt …«, soll eine Schweizer Berghebamme in den 1940er Jahren über ihre langjährige Berufserfahrung gesagt haben. Das gilt auch für die literarischen Zeugnisse, wenn nicht sogar für alle Beschreibungen von Geburten. Jede ist anders. Jede ist ein hochindividuelles Erlebnis, ein immer wieder absolut einzigartiges Abenteuer, das bei allem Einzug von technisierter Geburtshilfe in die moderne Medizin eine extreme Begegnung von Leben und Tod ist und bleibt. Die Geburt ist ein Übergang, eine Verwandlung. Von einem Moment auf den anderen ist da diese weitreichende Verantwortung für ein kleines Wesen, das maximaler Zuwendung bedarf: Ein Mensch ist geboren.

Der Zeitpunkt der Geburt nach neun Monaten Schwangerschaft gilt als anatomisch bedingter Kompromiss: Das menschliche Neugeborene ist allein noch nicht überlebensfähig, kann nicht stehen oder gehen wie Fohlen, Lämmer, Nashorn- oder Elefantenbabys, die schon kurz nach ihrer Geburt fluchtfähig sind. Ein frisch geborenes Nashorn sieht bereits aus wie ein Nashorn, nur eben in Miniaturformat. Kein Menschenkind ist hingegen ein Ebenbild seiner Eltern, auch wenn Ähnlichkeiten liebend gerne früh ausgemacht werden. Ein Baby ist eindeutig ein unfertiger Mensch. Aber noch länger kann die Natur nicht warten, da Säuglinge sonst zu groß für die menschliche Geburt werden würden.

In Geschichten und Erzählungen über die Geburt drückt sich vieles aus. Zum einen sind die Geburtsumstände mit den sich im Laufe der Menschheitsgeschichte verändernden Ritualen immer ein Spiegel der jeweiligen Epoche. Dabei zeigt sich, wie sich in diesem Zusammenhang auch die Rolle der Männer gewandelt hat. Als Begleiter, Helfer im Hintergrund oder diejenigen, die Hilfe holen, waren sie aber schon immer präsent – und sei es, dass sie durch ihre Abwesenheit spürbar als Unterstützer fehlten.

Manche Männer, die eine Geburt wartend im Hintergrund oder als Zeugen der Geschehnisse erleben, sind nachhaltig erschüttert oder verstört wie etwa Thomas Mann nach der Geburt seiner ersten Tochter. In den Fällen, in denen Männer in die Rolle des Geburtshelfers schlüpfen müssen, weil keine andere Hilfe in Sicht ist, dominieren wie bei Reinhard Goerings *Jung Schuk* (1913) Gefühle der Ehrfurcht und Demut vor diesem wundersamen Naturereignis.

Zum anderen machen die Geschichten deutlich, auf welch unterschiedliche Weise der Geburtsvorgang erinnert wird. Offenbar produziert der weibliche Organismus nach der Geburt eines Kindes ein Hormon, das dafür sorgt, dass die Mutter Schmerz und Unbill schnell vergisst. Der Geburtsschmerz wird höchst unterschiedlich wahrgenommen, und vermutlich ist er das auch. Eine Art Wunder bleibt es, dass selbst Mütter, die hochdramatische Geburten durchlitten haben, meist bereit sind, weitere Kinder zur Welt zu bringen. Die finnlandschwedische Autorin Nina Wähä erzählt in ihrem Roman *Vaters Wort und Mutters Liebe* (2020), dass sie ihre Mutter eigentlich nur am Tag der Geburt ihrer jüngeren Geschwister restlos glücklich erlebt hat. Zwölf Kinder hat sie geboren und jedes in seiner Eigenart und Persönlichkeit wahrgenommen.

Auch Väter können diese Einzigartigkeit spüren. Der deutsche Schriftsteller Friedrich Christian Delius beschreibt in *»Darling, it's Dilius!«: Erinnerungen mit großem A* (2023) dieses Erlebnis. Es sind die Worte eines Mannes, der ein Neugeborenes auf dem Arm hält und das intensive Gefühl erlebt, dass dieses kleine Wesen über eine Art allumfassendes Weltwissen verfügt. Zwar verflüchtigt sich das Wissen wieder, und das Baby muss alles im Leben erst noch kennenlernen, aber solch ein »Gespräch« mit einem frisch geborenen Baby setzt sich als magische Erfahrung im Herzen fest.

Geburten werden, wie etwa bei Sigrid Undsets *Kristin Lavranstochter* (1920), oft als ungeheurer Kraftakt beschrieben, als maximale körperliche Leistung, die man durchaus vergleichen kann mit der Besteigung eines mehrere tausend Meter hohen Berges – im Dauerlauf! Ein wiederkehrendes Thema in den Beschreibungen von Geburtsszenen ist aber auch die traditionelle Stammhalterverehrung wie sie in Theodor Fontanes *Effi Briest* (1895) geschildert wird. So als ob nur ein krakeelnder Junge Anlass zur Freude wäre.

Frédéric Schwilden erzählt von der heute vielfach als verstörend erlebten Technisierung der Geburt. In seiner Erzählung von der Ankunft seines Sohnes wirkt der Umgang mit der Gebärenden wie eine Art Hantieren am Körper der Frau, die eher in der Rolle einer leidenden passiven Betrachterin zugegen ist. Es wird über sie entschieden, denn gefragt werden kann sie in diesem Moment nicht. Solche Erzählungen zeigen, dass unsere Gesellschaft ängstlicher und vorsichtiger geworden ist als früher. Wir ergreifen Schutzmaßnahmen gegen alle erdenklichen Gefahren und wollen, dass auch die Risiken einer Geburt auf ein Minimum verringert werden.

Aber die Geburtshilfe entwickelt sich immer weiter. Heute versucht man, Frauen ihre Ängste zu nehmen, ihnen ihr Selbstvertrauen zurückzugeben und sie darin zu bestärken, dass sie es schaffen können. Denn eine Geburt sollte, das bleibt unser Wunschtraum, ein alles überstrahlendes, beglückendes Erlebnis für Mutter und Kind sein. Der Moment, auf den sich alle freuen, wenn eine Schwangere sagt: »Jetzt möchte ich endlich wissen, wie Du aussiehst, Du geliebtes Geschöpf, das die ganze Zeit in meinem Bauch strampelt, Schluckauf hat vom Fruchtwassertrinken, sich erschrickt bei lauten Geräuschen, gelegentlich tritt, als wollte es Fußball spielen, sich wendet, vielleicht am Daumen nuckelt und auf seine Weise geheime Zwiesprache mit mir hält.« Es ist der Moment, in dem Mutter und Kind zum ersten Mal auseinandergehen. Vielleicht tun sie es weinend, weil eine Trennung nie einfach ist – und sind dann doch von tiefer Lebensfreude erfüllt.

In der Erinnerung ist es sanft und voller Freude

FEN VERSTAPPEN
Lebenslektionen meiner Mutter

ANDREAS GRYPHIUS
Epigramme

FRIEDRICH HEBBEL
Auf ein schlummerndes Kind

RABINDRANATH TAGORE
Der zunehmende Mond

FEN VERSTAPPEN
Lebenslektionen meiner Mutter

Die niederländische Autorin Fen Verstappen (geb. 1981) beschreibt in ihrem 2023 erschienenen Debütroman *Lebenslektionen meiner Mutter* einen der unterschätzten Momente beim Übergang von der Schwangerschaft zum Mutter- oder Elterndasein: Sie erzählt von dem Abenteuer, aus der behüteten Atmosphäre im Krankenhaus mit einem Baby im Körbchen nach Hause zu kommen. Mit Wehmut registriert die Ich-Erzählerin, dass ihr in den nächsten Wochen ihre eigene Mutter, die einen Schlaganfall erlitten hat, schmerzlich fehlen wird. Mitunter trifft es sich in Familien so, dass in engem Zeitabstand ein Mensch geht und ein neuer kommt. Die Erinnerungen an die eigene Kindheit verändern sich in ihrer Gewichtung, jetzt, wo sie selbst Mutter ist.

Identität

Es war nicht ihre Geburt, die mich zur Mutter machte, sondern die Tatsache, dass sie einfach bei uns blieb. Dass man sie aus mir herausholte und uns vier Stunden später sagte: »Wir sind dann jetzt fertig«, und dass man uns dieses zerbrechliche kleine Menschlein einfach mitgab, ohne nachzuprüfen, ob wir einen Dreipunktgurt im Auto haben, oder ob ich bei Wutanfällen mit

Gegenständen werfe. Sie stellten keine Fragen, fuhren den Rollstuhl vor, und schon ging es nach Hause, und das obwohl ich an diesem Tag zwar ein Baby bekommen hatte, aber noch lange nicht Mutter war. So kam es, dass Jan und ich eine Stunde nach unserer Entlassung aus dem Krankenhaus vollkommen hilflos in unserem Wohnzimmer standen, ohne jemanden anrufen zu können. So von wegen: Ich glaube, es gibt da ein Missverständnis. Hier liegt noch ein Kind von dir.

Das Kind blieb. Das machte mich zur Mutter. Es blieb, und das Elternsein baute sich langsam Schicht für Schicht auf – den schlaflosen Nächten, dem Herumbugsieren des Kinderwagens, dem endlosen Schnuppern an dem winzigen Nacken. Es blieb hängen – durch die Nachbarn, die uns erfreut ansprachen, durch die anderen schlaflosen Zombies in der Krippe, durch die an die Eltern/Erziehungsberechtigten gerichteten Briefe.

Es brauchte Zeit, um Mutter zu werden.

Fen Verstappen: *Lebenslektionen meiner Mutter*. Roman. Aus dem Niederl. von Janine Malz. Wien: Literaturverlag Droschl, 2023. S. 9. – © Literaturverlag Droschl, 2023.

ANDREAS GRYPHIUS

Epigramme

Der große, heute leider fast vergessene Dichter Andreas Gryphius (1616–1664) erlebte die Grauen und Schrecken des Dreißigjährigen Krieges: Feuer, Seuchen, Hunger, Gewalt und allgegenwärtiger Tod. Im Alter von einem Jahr verlor er bereits den Vater, sieben Jahre später die Mutter. Gleichwohl war sein Weltbild vom immer wieder tröstlichen, fest und sicher gefügten Weltbild des Barock bestimmt, von der Gewissheit, dass Menschen wenig Einfluss haben auf die Zeitläufte, sondern alles von Gott gelenkt wird. Das Leben beschrieb er als von grimmen Schmerzen bestimmt, aber er sah, dass ihm der Himmel und die hellen Tage offenstanden. In seinem Epigramm *Auf die Nacht meiner Geburt* feiert er dankbar sein eigenes Dasein auf Erden.

67. Auf die Nacht meiner Geburt

Nacht süße Nacht / die mir das Licht entdeckt!
Die mich zum Licht / aus Finsternis erweckt!
Warum hüllst du die Welt in schwarzes Dunkel ein?
Vielleicht verdeckst du mir den Anblick meiner Pein.
Es ist umsonst das Finstre schreckt mich nicht.
Weil mir entsteckt der Sternen Schar ihr Licht /
Sollt ich wohl irre gehn? Wie könnt es doch geschehn?
Weil ich mit offnem Aug kann nach den Flammen sehn!

68. Auf eben dieselbige und meine Taufe

Geboren zu dem Tod / und Leben auserkoren /
Verloren da ich kam / durch Christum neu geboren /
Dring ich durchs finster Tal des trüben Todes hin /
Zu Gott der Leben heißt / und lebend mein Gewinn
So kam ich auf die Welt in dunkel voller Nacht /
Und ward in Christus Kirch in hellem Tage bracht.

69. Auf meine Geburt zu Gott

Du ließest mich / da ich nichts war / geboren werden:
Ach lass mich nicht in nichts nun ich was bin vergehn!
Du ruftest mich aus nichts mein Schöpfer auf die Erden:
Lass / nun ich etwas mir den Himmel offen stehn.

70. Geburts-Gedanken

O Wunder! Gott stund mir als ich geboren bei!
Mehr Wunder! Ich versteh dass ich geboren sei.
Mehr Wunder: Gott ließ mich aufs Neu geboren werden!
Noch mehr: Zum Himmelreich gebärt uns Tod und Erden.

71. Geburts-Gedanken an Jesum

Geburts-Nächt auf der Welt kann ich schon viel herzählen:
Doch sind sie schnell dahin / hilf mir dies Reich erwählen
In dem du Sonne bist / in dem ein Tag allein
Den neu Gebornen wird vor alle Jahre sein.

Andreas Gryphius: *Gesamtausgabe der deutschsprachigen Werke.* Hrsg. von Marian Szyrocki und Hugh Powell. Tübingen: Niemeyer, 1963. S. 180 f.

FRIEDRICH HEBBEL

Auf ein schlummerndes Kind

»Von Freude nichts, von Sorge und Kummer viel …«, so beschrieb Friedrich Hebbel (1813-1863) seine Kindheit. Er wuchs in der norddeutschen Provinz unter ärmlichsten Bedingungen auf, ertrug Enttäuschung und Entbehrung und erkämpfte sich seinen Weg hinaus in die Welt. Hebbel wurde als Vertreter des sogenannten Vormärz zu einem wichtigen Dichter der literarischen Moderne. Mit zwei verschiedenen Frauen, in Hamburg und in Wien, hatte er Kinder, denen er ein besseres Dasein als das eigene wünschte. In seinem Gedicht besingt er etwas, das alle Eltern dieser Welt kennen: die unschuldige, unwiderstehliche, perfekte Schönheit eines schlafenden Kindes.

Wenn ich, o Kindlein, vor dir stehe,
Wenn ich im Traum dich lächeln sehe,
Wenn du erglühst so wunderbar,
Da ahne ich mit süßem Grauen:
Dürft' ich in deine Träume schauen,
So wär mir alles, alles klar!

Dir ist die Erde noch verschlossen,
Du hast noch keine Lust genossen,
Noch ist kein Glück, was du empfingst;
Wie könntest du so süß denn träumen,
Wenn du nicht noch in jenen Räumen,
Woher du kamest, dich ergingst?

Frierich Hebbel: *Sämtliche Werke*. Historisch-kritische Ausg. Bes. von Richard Maria Werner. 1. Abt.: Werke. Berlin: B. Behr's Verlag, 1911 ff. S. 274.

RABINDRANATH TAGORE

Der zunehmende Mond

Der bengalische Dichter, Maler, Musiker und Komponist Rabindranath Tagore (1861-1941) entstammte einer wohlhabenden Familie mit hohem Bildungsanspruch. In seinem literarischen Werk kämpfte er gegen Ungerechtigkeit, gegen Heuchelei und Bigotterie. Sein Mitgefühl galt den leidenden Kreaturen – ihnen gab er mit außergewöhnlichem Esprit, Ironie und Charme eine Stimme. Fast vergessen ist heute, dass er 1913 mit dem Nobelpreis für Literatur geehrt wurde: »Aufgrund der tiefen und hohen Beziehung sowie der Schönheit und Frische seiner Dichtungen«, so die Begründung des Nobelpreiskomitees. Er schrieb bis ins hohe Alter, dabei immer wieder über und für Kinder. Kinder waren für ihn Geschenke, die wir nur für eine kurze Zeit bei uns haben.

Der Anfang

»Wo bin ich hergekommen, wo hast Du mich aufgelesen?«, fragte das Kind seine Mutter.

Sie antwortete halb weinend, halb lachend und drückte das Kind an ihre Brust:

»Du warst verborgen in meinem Herzen als seine Sehnsucht, Liebling.

Du warst in den Puppen meiner Kinderspiele; und wenn ich aus Lehm das Bildnis meines Gottes formte jeden Morgen, dann formte und vernichtete ich Dich.

Du warst mit eingeschlossen in der Gottheit unsres Hauses; sie verehrend, verehrte ich Dich.

In all meinem Hoffen und Lieben, in meinem Leben, in dem Leben meiner Mutter hast Du gelebt.

Im Schoß des unsterblichen Geistes, der über unserm Hause waltet, bist Du genährt worden durch Menschenalter.

In meiner Mädchenzeit, da mein Herz seine Blumenblätter aufschloss, schwebtest Du als ihr Duft darüber.

Deine zarte Sanftheit blühte in meinen jugendlichen Gliedern wie ein Wolkenglühn vor Sonnenaufgang.

Himmelserwählter Liebling, Zwilling des Morgenlichts, Du bist den Strom des irdischen Lebens heruntergeschwommen, und zuletzt bist Du an meinem Herzen gestrandet.

Ich schaue in Dein Gesicht, und Unfassbares überkommt mich: Du, der allen gehört, bist mein geworden.

Vor Angst, Dich zu verlieren, halt ich Dich eng an meine Brust. Welcher Zauber hat den Schatz der Welt in diese meine schlanken Arme verstrickt!«

Rabindranath Tagore: *Der zunehmende Mond.* Leipzig: Kurt Wolff Verlag, 1917. S. 23–25.

Wunder des Lebens

ISADORA DUNCAN
Memoiren

CHRISTIAN GRAF VON KROCKOW
Die Stunde der Frauen

STINE PILGAARD
Meter pro Sekunde

ANNEMARIE STOLTENBERG
Da: Ein Mensch!

MARIE LUISE KASCHNITZ
Die Mutter spricht

ISADORA DUNCAN

Memoiren

Für die Tänzerin und Choreografin Isadora Duncan (1877–1927) war die Beherrschung des eigenen Körpers mit allen Fasern, Muskeln, Sehnen und Nerven das Zentrum ihrer ganzen Aufmerksamkeit. Ihre Schwangerschaft beschreibt sie in ihren *Memoiren* (1928) als ein Ereignis, das eben nicht nur große Hoffnung und Freude bedeutete, sondern auch den Moment darstellte, in dem ihr die Hoheit über den eigenen Körper genommen wurde, den sie bisher mit eiserner Disziplin unter Kontrolle hatte. Vielleicht hat sie etwas schärfer empfunden, was jede Mutter erlebt: Man schenkt nicht nur ein neues Leben, man gibt dabei tatsächlich einen Teil des eigenen selbstbestimmten Lebens an ein anderes Wesen weiter.

In der Erwartung des Kindes

Wir hatten in der Victoriastraße eine kleine Wohnung gemietet, wo ich mit Craig lebte […].

Bald darauf machte ich die Entdeckung – und es konnte darüber kein Zweifel mehr bestehen –, dass ich in der Hoffnung war. Eines Tages träumte ich, dass Ellen Terry mir in einem schillernden Gewande, wie sie es als *Imogene* getragen hatte, erschien: An der Hand führte sie einen kleinen blonden Engel, ein kleines

Mädchen, das ihr auffallend ähnlich war, und mit ihrer märchenhaften Stimme rief sie mir zu: »Isadora, du sollst lieben, lieben ... lieben ...«

Von diesem Augenblicke an wusste ich, was die bedeutungslose Leere meines Lebens ausfüllen würde: Ein solches Kind würde zu mir kommen, mir Freude und Sorge zu bereiten – Freude und Sorge ... Geburt und Tod ... Rhythmus des Lebenstanzes!

Die göttliche Botschaft fand in meinem ganzen Wesen Widerhall. Ich setzte meine Vorstellungen fort, ich unterrichtete in der Schule und liebte meinen Endymion. Als ich ihn aber über meinen Zustand aufklärte, rief er bestürzt aus: »Was, schon wieder?« Ich hatte vergessen, dass er schon einmal verheiratet gewesen war und nicht weniger als fünf Kinder sein eigen nannte [...].

Ich besichtigte meine Schule, hatte aber bald ein großes Bedürfnis nach Einsamkeit, und da ich das heftige Verlangen nach der See nicht unterdrücken konnte, mietete ich eine kleine Villa in einem winzigen holländischen Badeort, Nordwyck, am Ufer der Nordsee.

In diesem kleinen Hause, der Villa Maria, sollte mein erstes Kind zur Welt kommen. Ich war so unerfahren, dass ich glaubte, die Geburt eines Kindes sei ein ganz alltäglicher Vorgang. Das Haus war hundert Meilen von jeder Stadt entfernt und es gab in der Nähe einen einzigen Dorfarzt, der bisher nur Fischweiber entbunden hatte. Ich lebte dort ganz einsam. Jeden Tag unternahm ich einen Spaziergang zum nächsten Fischerdorf an der Küste und führte eine regelmäßige Korrespondenz mit meiner Schwester Elizabeth, welche die Schule in Grunewald führte.

[...]

Craig war ruhelos, kam und stürmte wieder davon – aber ich war nicht mehr allein: Das Kind machte sich mehr und mehr bemerkbar – Stöße und Püffe, gelegentlich auch ein Purzelbaum. Und wie seltsam hatte sich mein herrlicher Marmorkörper verändert: Er war schlaff geworden, die Linien gebrochen, verzerrt, aus der Form gebracht. Es ist eine ungalante Rache der Natur, dass sie den verfeinerten Nerven, dem empfindlicheren Geiste die größeren Schmerzen auferlegt: schlaflose Nächte, peinvolle Stunden – aber auch Freude! Unerhörte, grenzenlose Freude! […]

Mehr und mehr fürchtete ich in meinem Zustande die Begegnung mit Menschen: Die Leute sagen einem bei solcher Gelegenheit so banale Dinge und die Heiligkeit der werdenden Mutter findet viel zu wenig Anerkennung. […]

Oft fühlte ich in mir, wenn ich die Küste entlangwanderte, ein Übermaß an Kraft und stolzer Tapferkeit und ich konnte mich vor Freude nicht fassen bei dem Gedanken, dass dieses Geschöpf mein unbestrittenes Eigentum sein würde; dann wieder, wenn der Himmel sich umwölkte und die kalten Wogen der Nordsee stürmisch an den Strand schlugen, sank manchmal mein Mut und ich kam mir vor wie ein armes gequältes Tier, das sich in einer mitleidslosen Falle gefangen sieht. Dann hatte ich nur den einen Wunsch, zu entkommen – aber wohin? Vielleicht hinein in die trübe Flut? Bald aber wusste ich solche Stimmungen zu überwinden und wurde wieder froh. Wieder an anderen Tagen fühlte ich mich so schrecklich einsam: Meine Mutter war auf tausend Meilen entfernt, der Vater des Kindes weit fort, ganz in seine Kunst vertieft, während ich selbst an ein Arbeiten gar nicht denken konnte. […]

Im August kam eine Pflegerin zu mir, eine Frau, die später meine beste Freundin wurde, Marie Kist. Ich habe niemals ein geduldigeres, liebenswürdigeres und besseres Geschöpf gekannt, und sie war mir in dieser Zeit ein wirklicher Trost. Von nun an traten aber bei mir Angstzustände auf; und vergeblich sagte ich mir, dass fast alle Frauen Kinder hätten – meine Großmutter hatte achtzehn, meine Mutter vier, es war der natürliche Lauf des Lebens. Trotzdem hatte ich Angst. Wovor? Nicht vor dem Tode oder vor Schmerzen – eine unbestimmte Angst vor einer drohenden Gefahr.

[…]

Mehr und mehr wölbte sich mein ehemals so reizvoller Leib; und meine bestürzten Blicke mussten diese Veränderungen wahrnehmen. Meine harten kleinen Brüste wurden breit und weich und fielen herab, meine flinken Füßchen wurden schwer, meine schlanken Knöchel schwollen an; und der Anblick meiner Hüften war geradezu peinlich. Wo waren die entzückenden jugendlichen Formen einer Najade, wo war mein Ehrgeiz, mein Ruhm? Oft fühlte ich gegen mein besseres Ich eine große Enttäuschung, denn dieser Kampf mit dem Riesen Leben schien über meine Kräfte zu gehen; dann aber dachte ich wieder an das kommende Kind und die kleinmütigen Gedanken verschwanden.

[…]

Eines Tages erwartete mich eine überaus freudige Überraschung, eine liebe Freundin war aus Paris gekommen und blieb bei mir. Sie hieß Kathleen und war eine anziehende Person voll Leben, Gesundheit und Lebensmut.

Wenige Tage später saßen wir alle beim Tee, als ich plötzlich einen Schlag verspürte, als hätte mich jemand mitten in den Rücken gestoßen, und dann einen unaussprechlichen Schmerz, wie wenn einer mit einem Bohrer mein Rückgrat bearbeitete. Von diesem Augenblicke an begann die Tortur: Ich befand mich in den Händen eines allmächtigen erbarmungslosen Henkers. Kaum hatte ich mich von einem Anfall erholt, als schon ein zweiter begann. […] Erbarmungslos, grausam, ohne Unterlass, fortgesetzt hielt mich dieser schreckliche unsichtbare Unhold in seinen Fängen und riss in ununterbrochenen Krämpfen meine Knochen und Sehnen auseinander. […]

Zwei Tage und zwei Nächte verbrachte ich in diesem unaussprechlichen Entsetzen. Am dritten Morgen zog der lächerliche

Dorfarzt ein ungeheures Zangenpaar hervor; und ohne mir das einfachste Beruhigungsmittel zu verabreichen, vollführte er seine Schlächterarbeit. […]

Nun, ich bin daran nicht gestorben, nein, ich bin nicht gestorben, aber auch das arme Opfer, das man vorzeitig aus der Folter spannt, stirbt nicht. Und dann wird man mir wahrscheinlich erwidern, dass ich durch den Anblick des Kindes reichlich belohnt wurde. Gewiss, gewiss, ich erfuhr grenzenloses Glück …

Ach, mein Baby! Das Baby war ein kleines Wunder: Formen wie eine Amorette, mit blauen Augen und langen braunen Haaren, die später ausfielen und goldenen Locken Platz machten – Und Wunder über Wunder! Das kleine Mäulchen sucht meine Brust, und mit zahnlosem Gaumen zieht es und trinkt von der Milch, die reichlich fließt. Ach, ihr Frauen! Was bemühen wir uns denn, Malerinnen, Bildhauerinnen, Rechtsanwälte zu werden, da doch dieses Wunder besteht? Nun kannte ich auch diese alles überragende Liebe! Gequält und blutend, zerrissen und hilflos lag ich da, während das kleine Wesen sog und schrie. Das war das Leben – und wo war meine Kunst? Was kümmerte mich die Kunst! Ich fühlte mich als schöpferische Gottheit, jedem Künstler überlegen!

Während der ersten Wochen lag ich oft stundenlang mit dem Kind im Arme und beobachtete seinen Schlaf. Oft erhaschte ich einen Blick seines Auges und dann fühlte ich mich ganz nahe an der Scheidelinie, wo das geheimnisvolle Rätsel des Lebens in Schatten versinkt. Diese Seele in dem neugeschaffenen Körper, die meinen Blick mit scheinbar verstehendem Auge erfasste, mit Augen, die aus der Ewigkeit zu kommen schienen und liebevoll meinen Blick erwiderten. Welche Worte könnten wohl dieses Glück beschreiben? Ist es ein Wunder, dass mir, da ich kein Schriftsteller bin, die Worte hierzu mangeln?

Isadora Duncan: *Memoiren*. Nach dem engl. Manuskript bearb. von C. Zell. Zürich/Leipzig/Wien: Amalthea Verlag, 1928. S. 184–196.

CHRISTIAN GRAF VON KROCKOW

Die Stunde der Frauen

Nach einem Bericht seiner Schwester Libussa Fritz-Krockow hat Christian Graf von Krockow (1927–2002) mit der Erzählung *Die Stunde der Frauen: Bericht aus Pommern 1944-1947* (1992) festgehalten, was es bedeutet, mitten im Krieg, auf der Flucht ein Kind zur Welt zu bringen. Es gehören Courage und Beherztheit dazu, eine solche Situation zu meistern. Welch Energie zum Handeln und welche besonderen Kräfte unter solchen Umständen erforderlich sind, wird in dem Text, der aus der Perspektive der Gebärenden geschrieben ist, spürbar. Die traurige Wahrheit ist, dass dieses Schicksal heute in viel zu vielen Ländern der Welt Frauen und ihre Kinder trifft.

Ein Kind wird geboren

Diese verdammten Rückenschmerzen! Sie kündigen sich unversehens an, kaum daß wir unsere Fahrt begonnen haben, sie werden stärker und stärker. Jede Unebenheit der Straße, jeder Stoß des Wagens setzt sich wie ein Messerstich fort.

Mutter erklärt mir nicht, was diese Schmerzen bedeuten, aber ihre Sorge ist offenkundig. Sie übernimmt das Kommando, sie treibt zur Eile an. »Nein, jetzt keine Pause«, höre ich sie sagen, »das

Pferd schafft es schon noch. Oder sonst schiebt gefälligst!« Wenn doch eine Pause unvermeidbar wird, mahnt sie nach wenigen Minuten zum Aufbruch: »Wir müssen weiter.« Als wir einmal unter die Russen geraten, redet sie unbeirrt von allem Tumult auf den Führer des Trupps ein. »Tochter – Geburt – Kind«: Solche Worte kehren ständig wieder. Tatsächlich setzt Mutter sich durch; der Wagen bleibt für dieses Mal ungeplündert, und nach kurzer Zeit dürfen wir weiterfahren. Irgendwann geht die Besorgnis dann in den Zuspruch, ins aufmunternde Lächeln über: »Kind, halte durch. Gleich haben wir es geschafft; gleich sind wir in Rowen.«

Rowen: Nach dem Weg durch das große Leba-Moor, an der Straße, die über Giesebitz, Zemmin und Glowitz heimwärts leitet, ist es das erste unserer Dörfer. Als wir ankommen, trifft Mutter einmal mehr die Entscheidung: »Sofort hier beim ersten Haus rechts hinein! Wir haben keine Zeit, noch lange herumzusuchen, ob wir irgendwo ein passendes Quartier finden.« Dieses erste Haus am Anfang oder Ende des Dorfes ist Teil eines schon immer ärmlichen und seit Langem ziemlich heruntergewirtschafteten Bauernhofes. Er gehört einer Witwe, Frau Musch. Aber weil der Name Musch in Rowen häufig ist und dieser Hof die Dorfecke bildet, wird sie knapp und anschaulich nur die »Ecksch« genannt.

Fabelwesen von einem anderen Stern hätten die Ecksch kaum mehr in Staunen versetzen und bestimmt nicht mit größerem Schrecken erfüllen können als unser plötzliches Auftauchen. Das lässt sich nachfühlen: Wir sind nun einmal die alten »Herrschaften«, und wie werden die neuen Herren wohl reagieren, wenn sie von unserer Rückkehr hören? Womöglich mit Brand und mit Mord? Und wenn sie heranstürmen: Werden sie dann die Geduld aufbringen, um zwischen unschuldig einfachen Leuten und eben den »Herrschaften« zu unterscheiden? Doch es bleibt der Ecksch gar keine Zeit, ihre Ängste in Worte zu fassen; sie wird von Mutters Entschlossenheit förmlich überrannt: »Frau Musch, sehen Sie meine Tochter an. Ihre Niederkunft steht bevor, die Wehen haben schon begonnen. Wir brauchen das Obdach, hier und sofort.«

Später stellt sich übrigens heraus, daß es eine andere Möglichkeit praktisch gar nicht gegeben hätte. Flüchtlinge und gestrandete Trecks füllten das Dorf bis zum Bersten; nur aus diesem letzten Haus am Ortsausgang waren am Vortag zwei Familien abgezogen. Da sie uns also nicht abzuweisen vermag, bleibt der Ecksch nur, die »Herrschaften« möglichst weitab auf den Dachboden zu verbannen. Während Marie, Frieda, die Biedermanns und die anderen im Erdgeschoss oder im ersten Stockwerk Platz finden, werde ich mühsam erst die Treppe, dann eine Stiege hinaufgezogen und -geschoben. Da gibt es zwei Kammern, genauer gesagt zwei Verschläge. Im einen wird mein Lager ausgebreitet, den anderen beziehen Mutter und Vater Jesko.

Es ist der Abend des 21. März. In der Tradition von Pierre bringt mir Marie eine Tasse mit Kakao und ermahnt mich, »mit Geschmack« zu trinken. »Weil, unser französischer Vorrat, mit dem ist es vorbei. Kein' Krümel gibt es mehr, rein gar nischt.« Aber ich kann den rechten Geschmack jetzt nicht aufbringen.

In der Nacht beginnt dann die Zeit, in der die Geburt stattfinden soll. Rasch werden die Wehen stärker, und ihre Häufigkeit nimmt zu. Neben Mutter harrt Frieda bei mir aus. Denn Marie ist viel zu ängstlich und in dieser Situation nicht zu gebrauchen. Sie bringt nur ab und zu etwas zu trinken oder erneuert das heiße Wasser, das stets rasch erkaltet. Besonnen dagegen, mit Ruhe und mit Kraft tut Frieda ihren Dienst. Sie hebt mich auf die Beine, weil ich mich bewegen soll, sobald die Wehen eine Pause einlegen. Sie führt mich auf und ab. Sie hält mich fest, wenn mich mitten in der Bewegung eine neue Wehe überwältigt.

Die Wogen branden heran, fluten fort, kehren zurück. Sonst allerdings rührt sich im Wortsinne nichts, während Stunde um Stunde vergeht. Wie es Frieda für Marie erklärt, als die kurz einmal auftaucht: »Der Wagen, der steckt mitten im Modder drin, bis über die Achsen. Unser Pferd, das schafft es einfach nicht.« Leider ein sehr treffendes Bild. Nur daß ein Pferd wohl längst schon aufgegeben hätte, während wir weitaus komplizierteren Menschenkinder zum Ausharren bestimmt sind.

Der Tag ist angebrochen, die Sonne zieht herauf und heizt das Dach, unter dem ich liege. So zumindest kommt es mir vor; ich glühe, ich vergieße Ströme von Schweiß, ich kann gar nicht genug trinken. Jemandem fällt dabei ein, daß man die Wehen mit Spritzen von Kochsalzlösungen unterstützen sollte. Eine Spritze haben wir nicht, also wird mir lauwarmes Salzwasser eingeflößt. Das ist buchstäblich zum Kotzen.

Zwischendurch behauptet jemand, daß es irgendwo im Dorf eine junge Flüchtlingsfrau gibt, die von der Hebammenkunst etwas versteht, weil sie beim Roten Kreuz einen Lehrgang absolviert hat. Die Frau wird gesucht, wahrhaftig gefunden und herbeigeholt. Sie erscheint – mit einem Buch unter dem Arm: »Die Geburtshilfe in Theorie und Praxis.« Leider bleibt es bei der Theorie, von praktischer Erfahrung kann keine Rede sein. Die Frau schlägt ihr Buch auf und liest vor, was sie findet. Alle möglichen Ausdrücke fallen: Gebärmutterhalskanal, Kindslage, Eröffnungs- und Austreibungsperiode ... Und düster genug dreht sich alles um das Kapitel »Komplikationen«. Als nach einer Pause die Wehen erneut einsetzen, verliere ich die Nerven: »Um Himmels willen, schafft mir bloß diese Person vom Hals!«

Die Zeit rinnt dahin, der Tag schleicht sich fort, und die Nacht zieht herauf – die zweite nun schon. Nichts geht voran: »Unser Pferd schafft es einfach nicht«. Ich werde schwächer und schwächer. Längst nehme ich die Wehen bloß noch passiv hin; sie mit Bauchatmung und Pressen zu unterstützen, wie es eigentlich sein sollte, ist ganz unmöglich.

In der Nacht hält Mutter mit Frieda und Fräulein Trautmann

Rat und fasst einen Entschluss: In Glowitz gab es bisher doch eine richtige Hebamme; wahrscheinlich gibt es sie noch. Die muß herbeigeschafft werden, koste es, was es wolle. Frieda übernimmt es, sie zu holen, mit einer harten Mettwurst als Anreiz ausgestattet. Noch vor der Dämmerung macht sie sich auf den Weg, und an meinem Lager tritt einstweilen Fräulein Trautmann an ihre Stelle.

Nach etwa drei Stunden, bei vollem Tageslicht inzwischen, kehrt Frieda zurück, voller Wut, ihre Wurst in der Hand. Sie berichtet, drastisch wie stets: »Das Aas hat Schiss.« Wie, was? Ja, also die Hebamme gibt es zwar, aber sie hat Angst zu kommen. Von Dorf zu Dorf zu wandern ist gefährlich – und außerdem verboten. Jeder soll dort bleiben, wo er zu Hause ist. Eine Ausnahme wäre nur mit Genehmigung der Kommandantura möglich, mit einer schriftlichen Bescheinigung, die das Verbot aufhebt und unterwegs vorgezeigt werden kann …

Mutter blickt in die Runde, sie strafft sich trotz ihrer Übermüdung, sie sagt: »Dann gehe ich hin und besorge das Papier. Wo steckt eigentlich diese Kommandantura?«

»Beim Gutshof, im Försterhaus von Drambusch.«

»Nun denn.«

Ein kleiner Tumult entsteht, Vater Jesko gerät in Panik, er versucht, Mutter dieses Vorhaben auszureden und sie aufzuhalten: »Was soll bloß werden, wenn du, wenn sie dich … Ach, du weißt schon.« Doch sie hört gar nicht erst hin, sie ist schon unterwegs. Auch mich erfasst jetzt die Panik, freilich ohne daß ich sie zeigen kann. Denn solange Mutter bei mir war, fühlte ich mich in den Schmerzen und in der Schwäche, in all meinen Ängsten immer noch geborgen. Aber nach einer bangen Stunde ist Mutter zurück, das benötigte Papier in der Hand – und sofort bricht Frieda wieder nach Glowitz auf.

Ohnmächtiges Warten, indessen die Zeit sich dehnt und meine Schwäche weiterhin zunimmt. Wie lange wohl? Uhren besitzen wir ja nicht mehr. Dann ist auf einmal die Hebamme da. Sie untersucht mich, sie seufzt: »Versuchen wir es mit einem kräftigen Kaffee. Haben Sie welchen?« Gottlob, daran fehlt es dank Maries Vorsorge nicht. Tatsächlich fühle ich mich ein wenig belebt, gerade genug, um eine dramatische Szene wahrzunehmen.

Die Hebamme sagt: »Eigentlich wäre jetzt eine Spritze nötig. Allerdings, ich habe nur noch eine, das ist meine letzte, und die brauche ich noch, als Reserve, für eine Freundin in Glowitz, die in ein paar Tagen entbinden soll.«

Daraufhin stellt Mutter sich im Türrahmen auf, grimmig entschlossen: »Das werde ich nicht dulden, auf gar keinen Fall. Sie sehen doch: Es geht um Leben und Tod. Und es ist Ihre Pflicht, ohne Ansehen der Person zu helfen, wo es am dringendsten ist. Auf Leben und Tod: Sie kommen hier nicht raus, wenn Sie nicht spritzen.«

Die Hebamme öffnet den Mund zur Antwort, besinnt sich und gibt mir die Spritze. Bald beginnen neue und deutlich verstärkte Wehen. »Jetzt, pressen, pressen!«

Ein Kind wird geboren. Siebenunddreißig oder achtunddreißig Stunden, über Nacht und Tag und wiederum Nacht und Tag, bis zum 23. März 1945 gegen drei oder vier Uhr nachmittags dauerte der Kampf um seinen Eintritt in diese Welt. Ich bin erledigt und dem Tode vermutlich näher als dem Leben. Daß die Hebamme noch eine heftige Nachblutung stillen muß, nehme ich schon gar nicht mehr wahr. Allein nur die Augen zu öffnen würde viel zu viel Energie fordern. Aber ich höre, wenn auch aus einer weiten Entfernung. Ich höre jemanden sagen: »Also, wenigstens das Kind haben wir gerettet.« Und ich höre den Schrei meines Kindes.

Christian Graf von Krockow: *Die Stunde der Frauen. Bericht aus Pommern 1944 bis 1947.* Nach einer Erzählung von Libussa Fritz-Krockow. Stuttgart/München: Deutsche Verlags-Anstalt, 1988. S. 78–83. – © 1997 Deutsche Verlags-Anstalt, München, in der Penguin Random House Verlagsgruppe GmbH.

STINE PILGAARD
Meter pro Sekunde

Es gibt zahllose Satiren über die Schmerzempfindlichkeit von Männern, die mitunter in der scherzhaften Vermutung gipfeln, dass die Menschheit schon lange ausgestorben wäre, wenn Männer die Kinder bekommen müssten. Die dänische Schriftstellerin Stine Pilgaard (geb. 1984) fügt den Geschichten über die spezielle Beziehung von werdenden Eltern untereinander eine bezaubernde, hinreißend komische Variante hinzu. Die Grenzen der Gleichberechtigung werden hier noch einmal neu ausgelotet.

Lieber Kummerkasten,

ich bin ein junger Mann, vor Kurzem haben wir Zwillinge bekommen. Ich freue mich sehr, jetzt eine Familie zu haben, und meine Frau ist in fast allem ganz fantastisch. Trotzdem kommt es mir manchmal so vor, als ob sie auf mich wütend wäre, ohne jeden Grund wütend. Ich versuche, so viel zu helfen wie möglich, und finde, dass ich nicht vor meiner Verantwortung weglaufe. Trotzdem schaut sie mich manchmal so an und fragt: Soll ich sie stillen, oder willst du. Ich habe schon vorgeschlagen, dass wir abstillen und stattdessen Fläschchen geben, damit ich mich mehr beteiligen kann. Dann stöhnt sie, dass von allen Seiten die Muttermilch empfohlen wird, als Vorbeugung gegen Infektionen, Asthma und Allergien. Ich verstehe nicht, was ich falsch mache, verstehst du das?

Mit freundlichen Grüßen,
ein Mann

Lieber Mann,

die Frau von meinem Freund Frederik heißt Line. Sie hatte eine sehr komplizierte Geburt, fast drei Tage lang. Line sagte nichts, nur manchmal bewegte sie den Kopf, als wollte sie Fliegen verscheuchen. Mitten in einer Presswehe hörte sie plötzlich, wie Frederik eine Krankenschwester um zwei Ibuprofen bat. Er hatte die ganze Nacht am Computer gesessen und gespielt, und als er gegen drei Uhr morgens ins Bett wollte, war das Wasser abgegangen. Während Line kotzte, hörte sie ihren Mann zur Hebamme sagen, er habe wohl verkehrt gesessen, jetzt habe er einen so verspannten Nacken. Sie stemmte sich in der Geburtswanne hoch, das Wasser floss in Strömen von ihrem gewaltigen Körper herab. Sie kletterte über den Rand, humpelte nackt in den Flur und packte die Hebamme beim Arm, die gerade zum Arzneischrank wollte. Zum ersten Mal machte Line den Mund auf und gab etwas anderes von sich als unartikulierte Tierlaute. Wenn du Frederik auch nur eine Ibu gibst, bring ich dich um, sagte sie so langsam und deutlich wie eine Schauspielerin, die gerade ein Hörbuch einspricht. Die Hebamme kannte sich mit Schwangeren aus, tätschelte ihr die Schulter und wollte den Schrank aufmachen. Line schaute ihr tief in die Augen und legte ihr die Hände um den Hals. Aus der Entfernung mochte das aussehen wie eine Umarmung, aber Frederik stand nah genug, dass er sehen konnte, wie Lines Finger die Gurgel der Hebamme liebkosten. Schon schaute die Frau nach dem Alarmknopf an der Wand gegenüber. Okay, sagte sie und ging mit Line zurück ins Geburtszimmer. Ich habe die Geschichte mit mehreren Freundinnen diskutiert, die Ansichten sind geteilt. Es gibt gute Argumente dafür, dass Frederik seine Ibu hätte kriegen sollen, aber man muss das differenziert sehen. Das Problem ist einfach, dass alles sehr, sehr schwer sein kann. Lieber Mann. Darf ich vorstellen? Die Urwut. Du musst verstehen, hier handelt es sich um einen biologischen Aufstand, der sich gegen die Natur selbst richtet. Man darf das nicht mit gewöhnlicher Verbitterung verwechseln, wir haben es vielmehr mit blinder Raserei zu tun, deren Echo durch die Zeiten hallt. Was du da spürst, ist nicht nur die Wut deiner Frau, sondern auch die Wut ihrer Mutter und die ihrer Großmütter. Sie gilt der kollektiven Angst, vergewaltigt zu werden, sie gilt schwindelerregenden Menstruationsbeschwerden, einsamen Geburten und dem Gefühl, dass niemals jemand Danke sagt. Niemand ist daran schuld, es ist einfach eine Bürde, die wir tragen, und das können wir nicht immer stumm. Hüte dich vor der Urwut. Nimm sie nicht persönlich, aber nimm sie ernst.

Herzlichen Gruß,
der Kummerkasten

Stine Pilgaard: *Meter pro Sekunde*. Roman. Aus dem Dän. von Hinrich Schmidt-Henkel. Berlin: Kanon Verlag, 2022. S. 178–180. – © 2022 Kanon Verlag, Berlin.

ANNEMARIE STOLTENBERG

Da: Ein Mensch!

In Filmen oder Romanen finden sich gelegentlich dramatische Geburtsszenen. Dabei wird ein Grunderlebnis immer wieder variiert. Aber egal, unter welchen widrigen, abenteuerlichen Umständen das Kind zur Welt kommt, es ist da nach der Ankunft des neuen Lebens auf Erden ein Wunder zu bestaunen. Man sieht die Dankbarkeit aller, die freiwillig oder unfreiwillig dabei sein dürfen. Der Kinderarzt Daniel Glattauer hat einmal von seinem ersten Einsatz als Assistenzarzt bei einem Notkaiserschnitt erzählt. Er hatte so etwas noch nie erlebt. Der Gynäkologe, der den Schnitt gemacht hat, übergab ihm das Baby mit den Worten: »Da: Ein Mensch!« Und das hat sich ihm für immer eingebrannt, als Moment der Demut und tiefen Dankbarkeit: Hier ist ein neuer Mensch mit einer schon komplett angelegten Persönlichkeit, mit Talenten, Vorzügen und Begabungen. Er ist zerbrechlich und wird uns anvertraut, uns, die wir sein Aufwachsen erleben dürfen. Für mich war ein solcher Moment die Ankunft meines ersten Enkels.

Es ist einer der bewegendsten Momente, die das Leben bescheren kann – ein gerade geborenes Kind auf dem Arm zu halten. Die Mutter, aus der es gerade erst geschlüpft ist, liegt ermattet, erschöpft von der Anstrengung in den Kissen, hoffentlich wohl versorgt. Sie muss sich ausruhen. Auch der Vater ist schachmatt von der Aufregung. Die Beziehung zu ihrem Kind ist bereits geknüpft, es hat vielleicht schon einmal getrunken, und die Eltern können es aus der Hand geben. Und dann hältst du da dieses winzige, fertige Wesen. Es mag Spökenkiekerei sein, aber ich bin überzeugt davon, dass Neugeborene für ein paar Stunden über ein komplettes Weltwissen verfügen.

Mit dunklen Augen funkelt dich das kleine Wesen an und hält Zwiesprache mit dir. Du? Du bist vielleicht die Großmutter oder der Großvater, eine Tante oder ein Onkel, eine Freundin oder ein Freund der Eltern. Und in diesem einzigartigen Moment möchtest du dem Kleinen alles versprechen: »Wir werden eine gute Zeit miteinander haben. Wir machen Quatsch, den wir deinen Eltern nicht unbedingt erzählen müssen. Ich werde versuchen, dich zu behüten und zu beschützen. Zuhören, ohne sofort mit Ratschlägen daher zu kommen. Schenken, ohne große Dankbarkeit dafür zu erwarten. Mein größtes Geschenk an dich soll die Zeit sein, die ich mir für dich nehme.«

Das Kind guckt ernst, vielleicht ein bisschen sorgenvoll, aber es scheint einverstanden. Das Unfassbare ist, dass es dir mitten ins Herz gucken kann. Das schmilzt dann augenblicklich dahin wie Butter in der Sonne: »Wie kann es bloß sein, dass du so klein bist, dass man sich kaum traut, dich auf den Arm zu nehmen, und doch so vollständig? Darf ich bitte zur Sicherheit alle Finger und Zehen nachzählen?« Du greifst nach den Fingern. Die Miniaturzehen rollen sich ein, wenn du den Zeigefinger daranhältst: »Klar, damit könntest du dich im Dschungel zur Not an einem Ast festklammern. Aber nein, das wird nicht nötig sein. Ich bin da. Ich halte dich, ich bejuble deine Ankunft, ich weine vor Dankbarkeit, dass deine Mutter und du es geschafft haben. Versprechen würde ich dir gerne, dass ich alle Gefahren von dir abwenden werde. Wider besseres Wissen würde ich dir das gerne versprechen. Aber wir wissen beide, dass das nicht geht. Aber lass uns etwas vereinbaren: Wir trotzen den Gefahren und erleben allerhand Abenteuer. Furchtlos und unerschrocken. Du wirst das Kind sein und ich nur der Erwachsene im Hintergrund. Ich gebe dir Anschwung auf der Schaukel des Lebens.«

Zu viel Pathos? Immer noch viel zu wenig. Es kann gar nicht genug Pathos geben, Leidenschaft und Gefühl für diesen Moment. Wir feiern ein neues Lebewesen, und das wird hoffentlich an jedem seiner Geburtstage wiederholt als Erinnerung an diesen wunderbaren Tag seiner Geburt.

Originalbeitrag.

MARIE LUISE KASCHNITZ

Die Mutter spricht

Marie Luise Kaschnitz (1901–1974) gehört zu den bedeutendsten Dichterinnen der deutschen Nachkriegszeit. Berühmt sind ihre Dialoge mit einem lyrischen Ich ebenso wie ihre Hörspiele. Sie besaß die Fähigkeit, die Verästelungen, Empfindungen und Schmerzen der Seele zu beschreiben. Ihre 1928 geborene Tochter Iris Schnebel-Kaschnitz hat die Tagebücher ihrer Mutter und verschiedene Anthologien ihrer Texte herausgegeben.

Komm, sagt die Mutter, zur Welt, Kind.
Ich will Dich nähren.
Wozu wir auf dieser Welt sind,
Kann ich Dir nicht erklären.
Das sagt Dir der Vater morgen
Oder irgendwann.
Ich habe zu tun und zu sorgen,
Mich geht's nichts an.

Ich will, daß Du immer satt hast
Und kein Regen auf Dich fällt
Und Du eine bleibende Statt hast
Hier in der Welt.
Und daß Du das Schmutzige meidest
Und den rechten Freund Dir erwählst
Und daß Du nicht krank wirst und leidest
Und mir immer alles erzählst.

Ich will Dich gar nicht so mutig
Und auch nicht besonders schön,
Weil die allzu Kühnen und Schönen
So oft zugrunde gehn.
Ja, am liebsten behielt ich Dich immer
Klein und bei mir.
Ich heize Dir das Zimmer
Und ließe Dich nicht vor die Tür.

Denn draußen ist sehr viel Böses,
Weiß nicht, wo das Gute blieb.
Komm auf die Welt, Kind,
Sieh selbst, Kind.
Vergiss nicht, wir haben Dich lieb.

Marie Luise Kaschnitz: *Gesammelte Werke in sieben Bänden*. Bd. 5: *Die Gedichte*. – © Insel Verlag, Frankfurt am Main 1985. Alle Rechte bei und vorbehalten durch Insel Verlag Berlin.

Ein hartes Stück Arbeit

SIGRID UNDSET
Kristin Lavranstochter

WOLF LÜTJE
Schmerz

MÄRTA TIKKANEN
Aifos heißt Sofia.
Leben mit einem besonderen Kind

EMMA BRACKERT
Allein gelassen

SIGRID UNDSET
Kristin Lavranstochter

Für ihre Beschreibung des nordischen Lebens im Mittelalter in ihrer Romantrilogie *Kristin Lavranstochter* (1920) wurde die norwegische Schriftstellerin Sigrid Undset (1882–1949) im Jahr 1928 mit dem Literaturnobelpreis geehrt. In dem historischen Epos wird die Geschichte der eigenwilligen und leidenschaftlichen Kristin Lavranstochter erzählt, die unter den harten Lebensumständen des 14 Jahrhunderts ihren Weg finden muss. Gegen die Widerstände ihres Vaters verlobt sie sich mit Erlend Nikulaussøn vom Gut Husaby, doch noch vor der Hochzeit wird Kristin schwanger. Im zweiten Band »Die Frau« schildert Undset ausführlich die sich über mehrere Tage hinziehende Geburt von Kristins erstem Sohn. Bemerkenswert ist hier, wie sehr die werdende Mutter unter den Schuldgefühlen leidet, weil die Zeugung des Kindes vor der Eheschließung lag. Sie macht sich selbst solche massiven Vorwürfe, dass die Geburt allein dadurch zur Hölle wird. Es werden weise Frauen aus der gesamten Nachbarschaft herbeigerufen, um zu helfen und das Leben von Mutter und Kind zu retten.

Die Frau

Audfinna Audunstochter war die Erste, die auf dem Hof eintraf. Sie fand die Gebärende unten im kleinen Wohnhaus vor; Gunnulf saß bei ihr, und zwei Mägde machten sich im Zimmer zu schaffen. Audfinna begrüßte den Geistlichen ehrerbietig, Kristin aber erhob sich und ging ihr mit ausgestreckter Hand entgegen.

»Ich danke dir, Audfinna, dass du gekommen bist – ich weiß, es ist nicht leicht für deine Familie, ohne dich zurechtzukommen.«

Gunnulf hatte die Frau forschend angesehen. Jetzt stand auch er auf: »Es ist schön, dass du so schnell gekommen bist; meine Schwägerin braucht jetzt eine Frau, die sie ein bisschen trösten kann; sie ist fremd hier in der Gegend, jung und unerfahren.«

»Jesus, sie ist ja so weiß wie ihr Kopftuch«, flüsterte Audfinna, »Meint Ihr, Herr, ich dürfte sie etwas zur Beruhigung trinken lassen? Sie braucht sicher Ruhe, ehe sie noch schwerer auf die Probe gestellt wird.«

Sie machte sich still und geschäftig ans Werk, überprüfte das Lager, das die Mägde auf dem Boden bereitet hatten, und hieß sie weitere Kissen und mehr Stroh bringen. Dann stellte sie kleine Steingutgefäße voller Kräuter vor das Feuer, löste alle Bänder und Knoten an Kristins Gewand, und als sie der Kranken schließlich die Nadeln aus den Haaren zog und die goldbraune Seidenmähne um das weiße Gesicht flutete, entfuhr es ihr:

»So etwas Schönes habe ich noch nie gesehen!« Sie musste lachen: »Es kann ja nicht viel an Macht und Glanz verloren haben, auch wenn du es ein bisschen länger offen getragen hast, als es sich gehört hätte.«

Sie half Kristin, sich auf dem Boden zwischen die Kissen zu legen, und deckte sie zu.

»Und jetzt trink das hier, dann spürst du die Wehen nicht so heftig – und kannst zwischendurch ein bisschen schlafen.«

Gunnulf wollte nun gehen. Als er neben das Lager trat und sich über Kristin beugte, fragte sie flehentlich: »Du betest doch für mich?«

»Ich werde für dich beten, bis ich dich mit deinem Kind im Arm gesehen habe – und auch später noch«, erwiderte er und schob ihre Hand wieder unter die Decke.

Kristin döste vor sich hin. Sie fühlte sich fast wohl. Die schmerzhaften Wehen kamen und gingen und kamen wieder – aber es war so anders als alles, was sie je erlebt hatte, und immer, wenn es vorbei war, fragte sie sich fast, ob sie es sich nur eingebildet hatte. Nach Qual und Grauen der frühen Morgenstunden hatte sie das Gefühl, die schlimmste Angst und Pein schon glücklich überstanden zu haben. Audfinna war so still, als sie Kinderkleider, Decken und Felle zum Wärmen vor das Feuer hängte – sie rührte ein wenig in ihren Töpfen, und würziger Duft füllte den Raum. Am Ende nickte Kristin nach jeder Wehe ein und glaubte, zu Hause im Waschhaus auf dem Jørundhof zu sein, wo sie ihrer Mutter helfen sollte, ein großes Stück gewebtes Tuch zu färben – was sie hier roch, war sicher der Dampf von Eschenrinde und Nesseln.

Dann kamen die Nachbarinnen, eine nach der anderen – die Frauen von den Höfen im Dorf und in Birgsi. Audfinna mischte sich unter die Mägde. Gegen Abend litt Kristin schließlich arge Schmerzen, und die Frauen sagten, sie solle im Zimmer auf und ab gehen, solange sie nur könne. Das machte ihr sehr zu schaffen, es waren jetzt so viele Frauen im Raum, und sie musste auf und ab laufen wie eine zum Verkauf angebotene Stute. Zwischendurch musste sie sich von den fremden Frauen betasten lassen, und dann sprachen die über sie. Am Ende sagte Frau Gunna auf Råsvold, die bei der Geburtshilfe die Leitung übernommen hatte, nun dürfe Kristin sich auf den Boden legen. Frau Gunna teilte die Frauen ein, einige sollten schlafen, die anderen wachen: »Ja, das hier wird nicht schnell gehen – aber schrei du nur, Kristin, wenn es zu schlimm wird, und achte nicht auf die Schlafenden. – Wir sind doch alle hier, um dir zu helfen, armes Kind«, sagte sie sanft und freundlich und streichelte der jungen Frau über die Wange. Kristin aber zerbiss sich die Lippen und presste die Zipfel der Decken zwischen ihren schweißnassen Händen zusammen. Es war so erstickend heiß – doch die anderen sagten, das müsse so sein. Nach jeder Wehe rann ihr Schweiß in Strömen am Körper herunter.

Dann wieder fragte sie sich, was alle diese Frauen essen sollten. Sie wollte doch, dass die anderen fanden, sie halte in ihrem Haushalt alles in bester Ordnung. Sie hatte Torbjørg, der Köchin, aufgetragen, Sauermilch ins Kochwasser für den frischen Fisch zu geben. Wenn Gunnulff das jetzt nur nicht für einen Verstoß gegen die Fastenregeln hielt! Sira Erik hatte gesagt, das sei es nicht, Sauermilch könne nicht als Milchspeise gelten, und die Fischbrühe wurde ohnehin weggegossen. Den Dörrfisch, den Erlend im Herbst besorgt hatte, durften sie nicht vorgesetzt bekommen, so verdorben und voller Maden, wie der war.

Allerseligste Jungfrau Maria, dauert es wohl noch lange, bis du mir hilfst? Jetzt tut es so weh, so weh, so weh …

Sie musste versuchen, noch ein wenig durchzuhalten, ehe sie aufgab und anfing zu schreien.

Audfinna saß drüben am Herd und bewachte die Wasserkessel. Kristin wünschte, sie dürfte sie bitten, herüberzukommen und ihre Hand zu halten. Sie wusste nicht, was sie dafür gegeben hätte, jetzt eine vertraute und liebe Hand zu halten. Aber sie wagte nicht, darum zu bitten.

Am nächsten Vormittag hing eine verzagte Stille über Husaby. Es war der Tag vor Mariä Empfängnis, und die Hofarbeit hätte bis mittags erledigt sein müssen, aber die Männer waren ernst und in Gedanken versunken, und die verängstigten Mägde ließen die Hausarbeit ungetan. Sie alle hatten die junge Hofherrin liebgewonnen – und es stand wohl nicht sehr gut um sie, wie sie hörten.

Erlend stand auf dem Hofplatz und sprach mit dem Schmied. Er versuchte, sich auf das zu konzentrieren, was der Mann ihm zu sagen hatte. Plötzlich kam Frau Gunna aus dem Haus gelaufen.

»Es geht nicht voran mit deiner Frau, Erlend – wir haben jetzt alles versucht. Du musst mitkommen, vielleicht hilft es, wenn sie dir auf den Schoß gesetzt wird. Geh ins Haus und zieh dir einen kurzen Kittel an – aber beeil dich, sie muss schrecklich leiden, die arme junge Frau.«

Erlend war blutrot angelaufen. Er dachte daran, was er gehört hatte – wenn eine Frau nicht entbunden werden konnte, weil sie ihr Kind im Geheimen empfangen hatte, half es angeblich, sie auf die Knie des Mannes zu setzen.

Kristin lag unter ein paar Decken auf dem Boden, zwei Frauen saßen bei ihr. Im Eintreten sah Erlend, dass sie sich zusammenkrümmte, den Kopf in den Schoß der einen Frau bohrte und ihn hin und her warf – aber sie ließ nicht einmal ein Wimmern hören. Als die Wehe vorüber war, schaute sie aus wilden, verängstigten Augen auf, die eingerissenen, braunen Lippen schnappten nach Luft. Jede Spur von Jugend und Schönheit war aus dem aufgedunsenen, von roten Flecken übersäten Gesicht verschwunden – sogar die Haare waren mit Strohresten und Wolle von den Fellen zu einem schmutzigen Filz zusammengewachsen. Sie sah Erlend an, als ob sie ihn nicht sofort erkannt hätte. Aber als sie begriff, warum die Frauen ihn geholt hatten, schüttelte sie heftig den Kopf.

»Es ist nicht Sitte da, wo ich herkomme – dass Männer dabei sind, wenn eine Frau ein Kind bekommt.«

»Hier im Norden kommt es manchmal vor«, sagte Erlend leise. »Wenn es deine Qualen verkürzen kann, meine Kristin, dann solltest du doch ...«

»Aaa!« Als er neben ihr auf die Knie fiel, schlang sie ihm die Arme um den Leib und drückte ihn an sich. Zusammengekrümmt und bebend kämpfte sie sich durch eine weitere Wehe.

»Darf ich kurz unter vier Augen mit meinem Mann sprechen?«, fragte sie atemlos und rasch, als es vorüber war. Die Frauen zogen sich zurück.

»War sie in Kindsnöten, als du ihr das versprochen hast, was sie gesagt hat – dass du sie heiraten würdest, wenn sie Witwe wäre – in der Nacht von Orms Geburt?«, fragte Kristin flüsternd.

Erlend keuchte auf, wie nach einem Schlag in den Magen. Dann schüttelte er heftig den Kopf: »In jener Nacht war ich in der Burg – meine Abteilung hatte gerade Wache. Es war, als ich am Morgen in unsere Herberge zurückkehrte und sie mir den Jungen in die Arme legten ... – Und darüber hast du dir hier den Kopf zerbrochen, Kristin?«

»Ja.« Wieder klammerte sie sich an ihn, während eine Welle von Schmerz über sie hereinbrach. Erlend wischte den Schweiß ab, der ihr über das Gesicht lief.

»Jetzt, wo du es weißt, du«, sagte er, als sie wieder still dalag. »Willst du denn nicht, dass ich bei dir bleibe, wie Frau Gunna sagt?«

Aber Kristin schüttelte den Kopf. Und am Ende mussten die Frauen Erlend gehen lassen.

Doch nun schien ihre Durchhaltekraft gebrochen zu sein. Sie schrie in wilder Angst vor der Wehe, die nun kam, und flehte jammernd um Hilfe. Aber als die Frauen vorschlugen, doch den Mann zu holen, schrie sie nein – lieber wolle sie zu Tode gequält werden.

Gunnulf und der Schreiber, der ihn begleitete, gingen zur

Abendandacht in die Kirche hinüber. Alle auf dem Hof, die nicht bei der Gebärenden im Haus waren, schlossen sich ihnen an. Doch Erlend schlich sich vor dem Ende der Andacht aus der Kirche und ging in Richtung der Häuser los. Im Westen über den Gipfeln jenseits des Tales war der Himmel gelbrot – der Frühlingsabend dämmerte klar und hell und milde. Hier und da hing ein Nebelfleck über dem Laubwald unten am See – und dort, wo die Äcker der Sonne zugekehrt waren, gab es schon schneefreie Stellen. In der Luft hing der Duft von Erde und schmelzendem Schnee.

Das kleine Wohnhaus lag auf der Westseite des Hofplatzes, zum Tal hin. Erlend ging hinüber und blieb hinter der Wand stehen. Die Baumstämme, aus denen das Haus gebaut war, waren noch immer sonnenwarm, als er sich daran lehnte. Ach, sie schrie … Er hatte einmal eine Färse schreien hören, als der Bär sie geholt hatte, es war oben auf der Alm gewesen, er war damals ein halbwüchsiger Knabe gewesen. Er erinnerte sich an die zottige Gestalt, die sich aufgerichtet hatte und zu einem Bären mit heißem, rotem Schlund geworden war. Arnbjørns Speer brach an der Bärenbrust in der Mitte durch – und der Mann riss Erlend den seinen aus der Hand, denn Erlend war vor Entsetzen erstarrt. Die Färse lebte noch, aber Euter und Beine waren weggefressen …

Meine Kristin, ach, meine Kristin … Herr, um deiner seligen Mutter willen, erbarme dich … Er floh zurück in die Kirche.

Die Mägde brachten die Abendmahlzeit in die Halle. Sie deckten den Tisch nicht, sondern stellten alles bei der Feuerstätte ab. Die Männer holten sich Brot und Fisch, dann saßen sie auf ihrem Platz auf der Bank und schwiegen, aßen ein wenig, aber keiner schien Appetit zu verspüren. Nach dem Essen wurden die Schüsseln nicht abgeräumt, und keiner der Männer stand auf, um schlafen zu gehen. Sie blieben sitzen, schauten ins Feuer und sprachen kein Wort.

Erlend hatte sich in die Ecke hinten bei der Wand verkrochen – er hätte es nicht ertragen können, wenn jemand sein Gesicht gesehen hätte.

Meister Gunnulf hatte eine kleine Tranlampe angezündet und auf die Armlehne des Hochsitzes gestellt. Mit einem Buch in der Hand setzte er sich darunter auf die Bank – und bewegte dann unhörbar und ohne Unterlass seine Lippen.

Einmal erhob sich Ulv Haldorssohn, ging zur Feuerstätte, nahm sich ein weiches Brot, wühlte ein wenig zwischen den Holzscheiten und suchte eins aus. Darauf ging er in die Ecke bei der Eingangstür, wo der alte Ån saß. Hinter Ulvs Umhang versteckt, machten sich die beiden an dem Brot zu schaffen; Ån schnitzte an dem Holzscheit herum. Die Männer lugten bisweilen zu den beiden hinüber. Nach einer Weile standen Ulv und Ån auf und verließen die Halle. Gunnulf blickte den beiden hinterher, sagte aber nichts. Er nahm seine Gebete wieder auf.

Dann kippte ein junger Bursche von der Bank – und fiel im Schlaf auf den Boden. Er stand auf, blickte sich verzweifelt um, seufzte und setzte sich wieder. Ulv Haldorssohn und Ån kamen lautlos wieder herein und setzten sich an ihre alten Plätze. Die Männer schauten zu ihnen hinüber, aber keiner sagte etwas.

Plötzlich sprang Erlend auf und lief durch die Halle zu seinen Leuten. Sein Gesicht war grau wie Ton, mit hohlem Blick.

»Weiß denn keiner von euch Rat?«, fragte er. »Du, Ån…«, fügte er flüsternd hinzu.

»Es hat nicht geholfen«, erwiderte Ulv ebenso leise.

»Es ist wohl so bestimmt, dass sie dieses Kind nicht behalten soll«, sagte Ån und wischte sich unter der Nase. »Und da helfen weder Opfer noch Runen. Es tut mir leid, Erlend, dass du diese liebe Frau so bald verlieren musst…«

»Ach, red doch nicht so, als wäre sie schon tot!«, bat Erlend schroff und verzweifelt. Er ging zurück in seine Ecke und presste den Kopf ins Fußende des Bettes.

Ein Mann ging hinaus und kam wieder herein: »Der Mond ist aufgegangen«, sagte er. »Bald ist Morgen.«

Kurz darauf betrat Frau Gunna die Halle und ließ sich auf die Bettlerbank bei der Tür sinken – ihre grauen Haare standen vom Kopf ab, ihr Kopftuch war ihr auf den Rücken geglitten. Die Männer sprangen auf – und gingen dann langsam zu ihr hinüber.

»Einer von euch muss mitkommen und sie halten«, sagte Frau Gunna weinend. »Wir können nicht mehr ... du musst zu ihr gehen, Gunnulf – wir können nicht sagen, wie alles ausgehen wird.«

Gunnulf stand auf und steckte sein Brevier in seine Gürteltasche.

»Du musst mitkommen, Erlend«, sagte Frau Gunna.

Das raue, gebrochene Gebrüll traf ihn in der Tür – Erlend blieb zitternd stehen. Für einen Moment erblickte er zwischen einigen weinenden Frauen Kristins verzerrtes, entstelltes Gesicht – sie lag auf den Knien, und die Frauen stützten sie. Hinten bei der Tür waren einige Mägde vor den Bänken auf die Knie gefallen; sie beteten laut und ohne Pause. Erlend ließ sich neben sie sinken und verbarg den Kopf in den Armen. Kristin schrie und schrie, und jedes Mal hatte er das Gefühl, vor ungläubigem Entsetzen zu erstarren. Das konnte doch nicht sein ...

Einmal wagte er es, zu ihr hinüberzuschauen. Gunnulf saß jetzt auf einem Hocker vor ihr und hielt sie unter den Armen fest. Frau Gunna kniete neben ihr und hatte ihr die Arme um den Leib gelegt, aber Kristin kämpfte in Todesangst und wollte die andere wegschieben.

»Nein, nein ... lass mich ... ich kann nicht mehr ... Gott, Gott, hilf mir ...«

»Jetzt wird Gott dir bald helfen, Kristin«, sagte der Priester jedes Mal. Eine Frau hielt ihm eine Schüssel mit Wasser hin, und nach jeder Wehe nahm er einen feuchten Lappen und tupfte der Leidenden das Gesicht ab – am Haaransatz und zwischen den Lippen, über die der Schleim floss. Dann ließ sie den Kopf in Gunnulfs Arme sinken und schlief für einen Moment – aber sofort rissen die Qualen sie wieder aus dem Schlummer. Und immer wieder sagte der Priester:

»Jetzt, Kristin, jetzt wird dir gleich geholfen.«

Niemand achtete noch darauf, welche Tageszeit es wohl war. Schon schaute die graue Dämmerung durch die Rauchklappe. Und nach einem langen, wahnwitzigen Entsetzensschrei wurde es ganz still. Erlend hörte, dass die Frauen es plötzlich eilig hatten – er wollte aufschauen, doch dann hörte er ein furchtbar lautes Weinen und kroch wieder in sich zusammen, er wagte nicht, mehr zu wissen. Wieder schrie Kristin – ein lauter, wilder Jammerruf, der keine Ähnlichkeit mit dem wilden, unmenschlichen Tiergebrüll von vorhin hatte. Erlend fuhr hoch.

Gunnulf stand über die noch immer kniende Kristin gebeugt und hielt sie fest. Sie starrte mit tödlichem Entsetzen auf etwas, das Frau Gunna ihr in einem Lammfell hinhielt. Die grobe, dunkelrote Masse sah aus wie die Innereien eines Schlachttieres.

Der Priester drückte Kristin an sich.

»Meine Kristin, du hast einen feinen und gesunden Sohn geboren, für den jede Mutter Gott danken müsste – und er atmet!«, sagte Gunnulf heftig zu den weinenden Frauen. »Er atmet – Gott wird nicht so grausam sein und uns nicht erhören!«

Noch während der Priester sprach, geschah es. Durch das müde, verworrene Gemüt der Mutter wirbelte das halberinnerte Bild einer Knospe, die sie im Klostergarten gesehen hatte – etwas, aus dem rote, runzlige Seidenzipfel zum Vorschein kamen, die sich zu einer Blüte auseinander falteten. Der unförmige

Klumpen bewegte sich, ließ ein Geräusch hören, er reckte sich und wurde zu einem winzigkleinen, weinroten Wesen in menschlicher Gestalt – es hatte Arme und Beine und Füße mit vollkommenen Fingern und Zehen – es fuchtelte mit den Armen und schien vor sich hinzumurmeln.

»Er ist so klein, so klein, so klein«, rief Kristin mit dünner, brüchiger Stimme und brach in Weinen und Lachen zusammen aus. Die Frauen um sie herum brachen in Gelächter aus und trockneten ihre Tränen und Gunnulf legte ihnen Kristin in die Arme.

»Legt ihn in einen Trog, damit er nach Herzenslust schreien kann«, sagte der Priester und folgte den Frauen, die den neugeborenen Jungen zur Feuerstelle trugen.

Als Kristin aus ihrer langen Ohnmacht erwachte, lag sie im Bett. Irgendwer hatte sie von ihrem verschwitzten, übel zugerichteten Kittel befreit, und Wärme und Kraft strömten wie ein reicher Segen durch ihren Leib – sie hatten ihr kleine Beutel mit heißem Nesselmus aufgelegt und sie in warme Decken und Felle gepackt. Irgendwer mahnte sie zum Schweigen, als sie etwas sagen wollte. Es war ganz still im Raum. Durch die Stille hörte sie eine Stimme, die sie nicht so recht erkennen konnte:

»Nikulaus, im Namen des Vaters, des Sohnes und des Heiligen Geistes ...«

Rieselndes Wasser war zu hören.

Kristin stützte sich auf den Ellbogen und schaute sich um. Bei der Feuerstelle stand ein Geistlicher in weißen Gewändern, und Ulv Haldorssohn hob ein rotes, nacktes, zappelndes Kind aus dem großen Messingkessel, reichte es der Patin und nahm die brennende Kerze entgegen.

Sie hatte ihr Kind bekommen – das jetzt so laut schrie, dass die Worte des Priesters fast nicht zu hören waren. Aber sie war so müde, sie war so gleichgültig und wollte nur schlafen ...

Nun hörte sie Erlends Stimme, der schnell und ängstlich sagte: »Sein Kopf – er hat so einen seltsamen Kopf.«

»Der ist geschwollen«, erwiderte eine Frau gelassen. »Das ist kein Wunder – er hat so hart um sein Leben kämpfen müssen, dieser Junge.«

Kristin rief etwas. Sie hatte das Gefühl, aufzuwachen, bis in ihr tiefstes Herz hinein – es war ihr Sohn, und er hatte um sein Leben gekämpft, genau wie sie. Gunnulf drehte sich lachend zu ihr um – er nahm Frau Gunna das kleine, weiße Wickelbündel aus den Armen, kam damit ans Bett und legte den Jungen in die Arme der Mutter. Krank vor Zärtlichkeit und Glück rieb sie ihr Gesicht an dem winzigen, roten, seidenweichen Antlitz in den Leinentüchern.

Sigrid Undset: *Kristin Lavranstochter.* Bd. II: *Die Frau.* Roman.
Aus dem Norw. übers. von Gabriele Haefs. Stuttgart: Kröner Verlag, 2021.
S. 95–105. – © Kröner Verlag, 2021.

WOLF LÜTJE

Schmerz

Man muss es sich nur einmal vorstellen: Der Gynäkologe Prof. Dr. Wolf Lütje (geb. 1957) hat fast so vielen Kindern auf die Welt geholfen wie die Stadt Neuwied am Rhein Einwohner zählt. Im Laufe von 40 Jahren war er bei etwa 60 000 Entbindungen als Geburtshelfer dabei. Er verehrt Frauen wegen ihrer Kraft und Stärke. Als Geburtshelfer und Coach versucht er, ihnen Ängste zu nehmen und Selbstvertrauen zu vermitteln. Im Laufe seines Lebens hat er immer wieder neu zu verstehen versucht, welchen Schmerz Frauen erleiden und warum er so unterschiedlich wahrgenommen wird. Doch auch nach vielen Berufsjahren bleiben mehr Fragen als Antworten. Bei dem folgenden Text handelt es sich um die Mitschrift eines seiner Vorträge.

Könnte es sein, dass wir mit einem großen Missverständnis zum Thema Geburt erzogen werden? Das ist die große provokative Frage, die ich mir stelle. Ich habe die erstaunliche Beobachtung gemacht, dass bei jeder sechsten Geburt die Gebärende keine allzu großen Schmerzen erleidet. Daraus ergibt sich das Rätsel: Warum erleben manche Frauen einen nahezu traumatisierenden Schmerz, während es für andere ein natürlicher Vorgang ist? Um eine Antwort auf diese Frage zu finden, müssen wir weit zurückgehen und einen Blick in die Bibel werfen. Dort heißt es in der im Deutschen üblichen Übersetzung aus dem Buch Genesis, 3. Kapitel:

> Ich will dir viel Schmerzen schaffen, wenn du schwanger wirst; du sollst mit Schmerzen Kinder gebären.

Doch ist die deutsche Übersetzung richtig? Ist auch im hebräischen Original wirklich von Schmerz die Rede? Oder könnten ursprünglich Arbeit, Kummer oder Sorge gemeint gewesen sein?

Wenn wir mit der Prophezeiung leben, dass eine Geburt Schmerzen bereitet, dann bestimmt das vermutlich stärker unser kollektives Unterbewusstsein, als wir ahnen. Man könnte von einem Nocebo-Effekt sprechen, also der Versicherung: Ich werde schaden. Das kann im Negativen ebenso wirkungsvoll sein wie das Versprechen des Placebos: Ich werde heilen. Ist demnach auch die Wehe eine sich selbst erfüllende Prophezeiung, wenn wir schon als Kinder »weh« mit Schmerz und Drohung verbinden? Könnte ein schmerzärmerer Geburtsvorgang gelingen, wenn er nicht von vornherein mit Schmerz assoziiert werden würde? Würde sich etwas ändern, wenn wir es »Arbeit« oder »Welle« nennen könnten?

Viele Frauen erleben den Geburtsvorgang als extreme Erfahrung zwischen Orgasmus und Vergewaltigung. Nur warum kann sich die eine Frau hingebungsvoll öffnen und die andere verzweifelt daran, wie sie den Ziegelstein in ihrer Scheide loswird?

Warum ist es bei einer Frau nur Dehnung und bei einer anderen nahezu ein Zerreißen?

Jeder Schmerz ist eine hochindividuelle Erfahrung. Es gibt Menschen, die bei Migräne-Attacken nicht den Schmerz schlimm finden, sondern nur die Übelkeit. Es gibt Menschen, die beim

Zahnarzt keine Betäubung brauchen, weil sie mit dem Schmerz umgehen können. Bedeutet das für eine Geburt, dass das Schmerzempfinden stark abhängig ist von der liebevollen Begleitung der Mutter während der Entbindung, von ihrer psychischen Situation, ihrer Biographie, ihrer Einstellung, ihren Kraftreserven? Hebammen raten den werdenden Müttern, sich mental an einen inneren schmerzfreien Ort zurückzuziehen. Das kann den Schmerz spürbar lindern. Wichtig sind sicherlich auch Gefühle wie Angst, Anspannung, Stress. Oder wird Schmerz erträglicher, wenn man sich auf ihn einlässt? Manche Frauen haben die Gabe, ihre Schmerzwahrnehmung abzuschalten und sich auf andere Dinge zu fokussieren. Aber was ist, wenn die Schwangere einfach schon tief erschöpft ist, wenn es losgeht? Offenbar wird dadurch das Schmerzempfinden stärker.

Die Erfahrung der letzten Jahre zeigt, dass die oft standardmäßig verabreichte Betäubung keineswegs ein Garant für ein besseres Geburtserlebnis ist. Betäubung bedeutet immer auch die Betäubung von Wahrnehmung, vielleicht von Glück. Es ist nicht nur der eigene körperliche Schmerz, den die Mutter wahrnimmt, sondern sie spürt auch ihr Kind, das sich da hindurchkämpft und mit ihr gemeinsam leidet. Man weiß naturgemäß wenig darüber, was ein Kind während der Geburt empfindet. Kann es sein, dass es Kinder gibt, die dabei Ängste ausstehen, verzweifelt sind, noch nicht den Leib der Mutter verlassen wollen oder ungeduldig werden, wenn es allzu lange dauert? Fast jede Veränderung ist in irgendeiner Weise mit Schmerzen verbunden. Und in diesem Fall handelt es sich um eine wirklich dramatische, absolut unumkehrbare Veränderung! Es ist die Auflösung von dem Eigenen und dem Fremden, die einhergeht mit einem bestimmten Rhythmus, zwischen Welle und Ruhe, Askese und Ekstase. Es ist der Rhythmus des Lebens: Zusammenziehen und Ausdehnen, Schmerz und Lust, Verlust und Zuwachs.

Manche Mütter empfinden die Belastungen der Geburt als eine Art Vorbereitung auf das Elternsein, das mit Schmerzen, Sorgen, Ängsten und Mitfühlen einhergeht. Bereitet die Schwere der Geburt eine Mutter darauf vor, dass sie im Notfall zur Rettung eines Kindes Berge versetzen muss? Bereitet es sie vor auf die Fähigkeit, in den kommenden Jahren die eine oder andere Krise mit dem Kind zu bewältigen? Ist der Geburtsschmerz auch ein Trennungsschmerz, der dafür sorgt, dass Mutter und Kind in ganz besonderer Weise miteinander verbunden bleiben? Ist der Moment, in dem eine Frau zur Mutter wird, der schmerzvolle Abschied von der eigenen Mutter? Und schließlich bleibt die Frage, ob in den Wehen und den Geburtsschmerzen die Empathie mit dem Kind verborgen liegt, dessen Schmerz die Mutter spürt als Bindungskitt zwischen ihr und dem neuen Wesen?

Die Zeiten, in denen Hebammen und Geburtshelfer Frauen angeherrscht haben, sie sollten sich nicht so anstellen und schon gar nicht schreien, sind in der modernen Geburtshilfe zum Glück überwunden. Heute bemüht man sich, die Geburt liebevoll zu betreuen und Frauen zu unterstützen. Für mich, der bei Tausenden von Geburten nur Unterstützung leisten konnte, der nie den Schmerz hatte, der den Schmerz allenfalls ein wenig mitfühlen konnte, kann es nur Fragen geben – keine Antworten. Doch was ich sicher weiß, ist dies: Die Geburt eines Kindes ist nicht mehr und nicht weniger als ein überwältigend großes Wunder, das wir nie ganz verstehen werden.

Originalbeitrag.

MÄRTA TIKKANEN

Aifos heißt Sofia. Leben mit einem besonderen Kind

Die 1935 geborene finnlandschwedische Autorin Märta Tikkanen beschreibt in *Aifos heißt Sofia: Leben mit einem besonderen Kind* (1983) die Gefühle einer Mutter, die weiß, dass ihr viertes Kind, das jetzt zur Welt kommen soll, ihr letztes sein wird. Die atemberaubende Erfahrung, das erste Kind zu bekommen, ist eine ganz andere als zu wissen, dass man nun nur noch dieses eine Wesen auf die Welt bringen wird. Viele Mütter haben deswegen eine besonders innige Beziehung zu ihrem Nesthäkchen. Ursprünglich wollte Tikkanen gemeinsam mit ihrer Tochter Sofia die Geschichte schreiben. Doch dann ergab es sich so, dass Tikkanen viel mehr schrieb. »Erzählen ist gut«, heißt es im Vorwort als Zitat von Sofia. »Aber wir erzählen trotzdem nicht alles bis aufs letzte.« Das betrifft sicher jede Geburtsschilderung. Man kann sich an das Erlebte nur mit dem Wunsch nach größter Wahrhaftigkeit herantasten.

Ich nehme zwei Löffel Rizinusöl. Zunächst nur einen, weil mir die letzte Geburt noch zu deutlich im Gedächtnis ist, als wir es im letzten Moment noch zum Krankenhaus geschafft haben. Zwei Löffel Rizinusöl und zwei Preßwehen – ein Gefühl wie bei einem Erdrutsch. Das war fast zu viel auf einmal.

Diesmal komme ich mit einem Löffel aus. Mit einem kleinen Löffel. Mein viertes Kind ist unterwegs; es ist Samstag nachmittag, und ich möchte in die Klinik, solange ich noch einen Babysitter für die anderen drei Kinder bekommen kann.

Aber es tut sich nichts, obwohl wir am Strand spazierengehen. Es ist der erste April, ein kühler, klarer Tag, in der Bucht ist es windig. Das Wochenende soll schön werden, da fahren sicher viele weg, und ich muß jemanden erreichen, bevor alle schon etwas vorhaben.

Also nehme ich nach ein paar Stunden noch einen Löffel, der etwas größer ist, aber nicht so groß wie damals. So etwas möchte ich lieber nicht noch einmal durchmachen.

Stunden später spüre ich etwas. Doch, ein ganz deutliches Gefühl im Becken, ein Ziehen im Kreuz. Ich packe meine Tasche und lege Überraschungsgeschenke für die Kinder bereit: drei Bücher, eins neben jedes Bett, damit sie morgen am Sonntag etwas zum Lesen haben, wenn ich nicht da bin. Ich organisiere einen Babysitter, der das ganze Wochenende bleibt.

Dann fahren wir in die Klinik, dieselbe, in der schon mein Mann und meine Mutter, meine Geschwister und ich und auch meine drei ersten Kinder auf die Welt gekommen sind. Inzwischen steht es der Allgemeinheit offen; das Personal ist viel zahlreicher als früher, aber mit seinen verwinkelten Gängen wirkt es immer noch anheimelnd und gemütlich.

Die Hebamme im Empfang kenne ich nicht, obwohl ich zum siebtenmal hier aufgenommen werde; drei Kinder und genauso viele Fehlgeburten, ich fühle mich schon ganz wie zu Hause.

Obwohl es doch jedesmal wieder anders ist.

Man erinnert sich nicht richtig an das vorige Mal. Daß man etwas gespürt hat, das schon; aber nicht, wie.

Nein – jetzt weiß ich es wieder. Wie es davor war, jedesmal wieder. Aufhören!

Aber jetzt läßt sich nichts mehr aufhalten, und ich will es auch gar nicht. Diesmal habe ich sämtliche Entwicklungsprozesse und Phasen der Schwangerschaft noch genauer registriert als bei meiner ersten Geburt vor fast acht Jahren. Denn eins stand von Anfang an für mich fest: dies ist das letzte Mal. Noch ein Kind, eine Tochter mit roten Haaren – dann ist Schluß. Dann haben wir zwei Mädchen und zwei Jungen, jeweils eins blond und eins rothaarig; das muß genügen. Mehr brauchen wir wirklich nicht. Wenn jetzt bloß alles gutgeht, dann bin ich zufrieden.

Ich freue mich auf dieses Kind, ein geplantes Wunschkind, genau wie alle anderen. Aber es ist doch nicht dasselbe wie bei den anderen, weil es das letzte sein soll. Um dieses Kind werde ich mich viel mehr kümmern können als um die vorigen. Zeit genug habe ich jetzt.

Denn ich werde im Haus bleiben, den Beruf aufgeben.

Ich werde nicht aus freien Stücken Hausfrau, wäre von selbst nie auf den Gedanken gekommen. Aber es geht nicht mehr anders. Mit der Aufsicht über die Kinder klappt es nicht, und meine Kräfte reichen nicht für Beruf und Kinder. Ich habe keine andere Wahl.

Wenn ich schon nicht die Wahl habe, will ich wenigstens das Beste daraus machen. Ich werde Mutter sein, mit ganzer Kraft. Für die anderen drei, die ich nur die ersten vier Monate stillen konnte, ständig auf dem Sprung und hin und her gerissen, ständig hundemüde. Und für dieses letzte Kleine, bei dem ich die ganze Zeit bleiben, dem ich nie davonlaufen werde.

Mein Mutterehrgeiz ist so ausgeprägt, wie es mein Berufsehrgeiz nur sein konnte. Wenn ich schon meine Arbeit und die Atmosphäre, die mir so viel bedeutet, nicht behalten darf, dann soll es meinen Kindern wenigstens gutgehen. Sie bekommen eine Ganztags- und Vollzeitmutter.

Ich lege mir die Hausfrauenrolle vielleicht etwas krampfhaft zu, aber alles andere war halbherzig. Meine Gedanken kreisen tagein, tagaus um dieses Kind, für das ich nun wirklich genug Zeit und Energie haben werde.

Soweit ich mich erinnern kann, habe ich mir von Anfang an mehr Sorgen um dieses Kind gemacht als um die anderen. Meine Sinne stehen unter Hochspannung, die Aufmerksamkeit ist ganz nach innen gerichtet. Ist alles wie erwartet? Dieselben Gefühle wie sonst? Bewegt sich das Kind, schläft es, wächst es so wie die anderen vor ihm?

Aber alles verläuft genau richtig, und ich sehe selbst ein, daß einzig und allein meine Situation diesmal anders ist. Ich habe mehr Zeit, mir über dieses Kind Gedanken zu machen; bei den drei anderen lief dagegen vom ersten Moment an alles wie selbstverständlich ab.

Es geht aufs Ende der sechziger Jahre zu, eine Zeit, in der die politische Stimmungslage sogar bis zu meinem mit Kindersorgen und Windelwechseln ausgefüllten Leben durchdringt. Ist der Wunsch nach noch einem Kind zu egoistisch, wenn man schon drei gesunde, muntere, gut entwickelte Kinder hat und es genug Kinder auf der Welt gibt, um die sich keiner kümmert? In der allgemeinen Politisierungswelle kommen mir Zweifel, ob ich das Recht habe, mir ein Wunschkind zu wünschen.

Diese Gedanken waren während der ganzen Schwangerschaft da. Ich habe sie immer wieder weggeschoben. Aber jetzt kommen sie plötzlich wieder hoch, während ich auf dem Bett liege und meine Augen den roten Sekundenzeiger der Uhr verfolgen, der immer wieder die Runde macht, obwohl die Zeit stillsteht.

»Wollt ihr das Kind etwa nicht, oder wieso geht nichts?«

Die Worte des Entbindungsarztes.

Die er mir aus heiterem Himmel an den Kopf wirft.

Ich rege mich furchtbar auf.

Sicher, in diesen neun Monaten habe ich lange Zwiegespräche mit mir selbst geführt. Aber meine Lust auf dieses Kind stand dabei nie in Frage, immer nur mein Recht, es auf die Welt zu bringen, zu behalten, das Recht, sich etwas so intensiv zu wünschen. Wie, wenn es schädlich für ein Kind wäre, schon vor der Geburt so viel für einen anderen Menschen zu bedeuten?

Sicher, es scheint, die Wehen lassen nach dem guten Einsatz in den letzten Stunden nach. Aber trotzdem – trotzdem!

Und mit verzweifelter Anstrengung konzentriere ich mich darauf, Wehen zustande zu bringen, sie herbeizuführen, öfter und intensiver. Ich werde es diesem Arzt sofort und augenblicklich zeigen: Ich will ich will ich will; nichts will ich lieber oder mit größerem Recht, als dieses Kind zur Welt zu bringen.

Und das hilft.

Der Rest geht rasch. Eine ruhige, unkomplizierte Geburt, alles ist so, wie es sein soll.

Ich schreie nicht, ich brauche weder Lachgas noch Petidin, ich atme vorschriftsmäßig – keuchen keuchen keuchen –, der Kopf kommt zum Vorschein, ist draußen, das Kind ist geboren

ein Mädchen!

»Ist sie gesund?«

Ich finde, daß sie mit der Antwort zögern, und frage noch einmal nach:

»Ist sie gesund? Ist alles in Ordnung? Ist sie wirklich, ganz bestimmt richtig gesund?«

Man versichert es mir. Ich höre, daß sie Arme und Beine hat

und rothaarig ist und so atmet, wie es sich gehört; sie ist gesund, ein richtiger kleiner Mensch, sie ist geboren, alles ist gutgegangen, sie lebt und atmet.

Und ich werde keine Kinder mehr bekommen.

Es ist zehn Minuten vor sechs an einem Sonntag morgen.

Sofia Magdalena soll sie heißen, nach ihrer Urururgroßmutter väterlicherseits, die zu Hause im Goldrahmen an der Wand hängt.

Märta Tikkanen: *Aifos heißt Sofia. Leben mit einem besonderen Kind.* Reinbek bei Hamburg: Rowohlt, 1983. S. 10–13. – © 1983 Rowohlt, Reinbek bei Hamburg.

EMMA BRACKERT

Allein gelassen

Emma Brackert (geb. 1959) lebt als freie Journalistin in Schleswig-Holstein. Sie hat die Einstellung, dass jeder Mensch Verantwortung für sein eigenes Leben übernehmen sollte. Wir neigen dazu, besonders bei Misserfolgen, anderen die Schuld zu geben. Stolz auf sich kann man jedoch nur sein, wenn man das Schicksal selbst in die Hand nimmt. Aber manchmal muss es erlaubt sein, Mitmenschen zu spiegeln, wie sehr ihr Verhalten verletzend wirken kann. Schwangere und Gebärende bedürfen des besonderen Schutzes und der Fürsorge. Brackert erzählt von dem wirklich groben Umgang mit ihr in einer Phase, in der sie liebevolle Zuwendung gebraucht hätte.

Es war schwierig von Anfang an. Als ich meinen Eltern erzählte, dass ich ein Kind erwartete, waren sie wütend und enttäuscht von mir. Eine gefallene, missratene Tochter, 19 Jahre alt, ohne Ausbildung, unverheiratet. Als ich anschließend mit der Frau darüber sprach, deren Buchhandlung ich übernehmen wollte, war meine Mutter schon bei ihr vorstellig geworden, um ihr zu versichern, dass sie als Großmutter nicht eine einzige Stunde mein Kind hüten würde. Das wollte sie ihr unbedingt mitteilen, ehe sie ihre Entscheidung treffen sollte. Natürlich sagte sie mir daraufhin, dass ich ihre Buchhandlung niemals bekommen würde.

Der werdende Vater erklärte mit großem Ernst, er würde selbstverständlich zu seiner Verantwortung stehen, aber alles, was mit dem Kind zu tun habe, das müsse mir klar sein, wäre dann doch allein meine Sache. Eine meiner Tanten bemerkte, das Ganze sei die neueste Frechheit von mir. Mein Vater nahm den nächstbesten Zug und reiste eine Strecke von 1223 Kilometern mit viermaligem Umsteigen, um mir ins Gewissen zu reden. Ich habe ihm nicht die Tür aufgemacht, weil ich mir sicher war zu wissen, was er mir – Wort für Wort, Satz für Satz, Ermahnung für Ermahnung – mitzuteilen hatte. Ich wusste einfach, dass es allein meine Sache war, ob ich ein Kind bekommen würde oder nicht.

Natürlich kamen mir Zweifel, ob es nicht zu einer anderen Zeit mit einem anderen Vater ein anderes Kind sein könnte als dieses mit so unglücklichen Startvoraussetzungen. Aber da wuchs nun dieses eine Kind – und es war, ist und wird immer mein Kind sein.

Bis zum Beginn des Mutterschutzes habe ich dann in einer Buchhandlung gearbeitet, Leitern hoch und runter im Weihnachtsgeschäft. Ich hatte zwei sogenannte Umstandskleider, die ich drei Monate lang abwechselnd trug. Zwischendurch wurden sie nur gelüftet. Später habe ich sie verbrannt.

In den Wochen vor der Geburt wurde ich bei der Mutter meines Freundes einquartiert. Auch sie war empört und entsetzt über das, was ich ihrem Sohn da angetan hatte. Ich schämte mich etwa 22 Stunden täglich und fühlte mich dick, hässlich und hilflos wie ein Mistkäfer, der auf den Rücken gefallen war und sich nicht mehr umdrehen konnte. Ich zog in ein Haus auf dem Land, das – wie mir erzählt wurde – nach dem Krieg 32 Personen beherbergt hatte. Inzwischen lebten dort nur noch zwei Damen – und jetzt ich zusätzlich in einer Dachkammer. Es gab kein fließendes warmes Wasser für mich, meine Küche bestand aus zwei Herdplatten auf dem Flur, die Küchenutensilien hatte ich im Kleiderschrank untergebracht. Der werdende Vater war nicht anwesend. Er liebte mich so sehr, dass er mich nicht leiden sehen wollte. Seine Mutter, eine Ärztin, erzählte mir von seiner Geburt, die sie mühelos über die Bühne gebracht hatte. »Ganz selbstverständlich« war ihre Lieblingsformulierung. Sie hatte damals sogar ihre Hebamme beraten können, was zu tun sei, um einen Dammriss zu vermeiden. Alles ganz selbstverständlich eben. Auch die anderen Frauen in dem Dorf, in dem ich gelandet war, erzählten gerne von ihren Entbindungen, die sie eher nebenbei erledigt hatten. Sie hatten auf dem Feld gearbeitet, als die Wehen anfingen, dann war das Kind gekommen, und am nächsten Morgen hatten sie wieder zum Melken auf den Beinen gestanden. Solche Geschichten hört eine nervöse Stadtfrau, eine Buchhändlerin, unglaublich gerne.

Am errechneten Stichtag bot mir die Mutter des Kindsvaters an, mich in den Kreißsaal zu begleiten, was ich dankend ablehnte. Niemals hätte ich ihren Ansprüchen an eine Gebärende genügt. Also ließ ich mich von ihr bloß in die Stadt fahren und ging so lange in überheizten Kaufhäusern spazieren, bis die Wehen einsetzten. Im Krankenhaus wussten die Schwestern schon gleich: Eine ledige Mutter – macht nur Probleme. Als es losging, ermahnten sie mich immer wieder, ich dürfe nicht so schreien. Ich würde alle anderen Frauen verrückt machen. Im Kreißsaal wurde ich mit allerhand Drähten an Apparate angeschlossen mit dem Hinweis, ich dürfte mich nicht mehr bewegen. So lag ich da vom Nachmittag an bis zum späten Abend.

Es gab damals noch nicht lange eine Spritze, die dafür sorgt, dass man weniger Schmerzen hat. Mir war vorher aber vermittelt worden, dass eine tüchtige Gebärende so etwas nicht brauchte und es sehr gefährlich für das Kind sein könnte. Irgendwann hat man mich zu dieser Spritze überredet, weil ich so gar nicht tüchtig schien. Dann bin ich eingeschlafen. Um kurz vor Mitternacht wurde ich von einer durch und durch resolut wirkenden Hebamme geweckt, mit der Ansage, sie würde das nun in die Hand nehmen. Ich glaube, eine Viertelstunde später war meine Tochter da. Die Hebamme rief enttäuscht: »Ooch, ich hole heute nur Mädchen!« Auch Frauen, die ein Kind zur Welt bringen, haben bekanntlich Ohren.

Auf den Arm gelegt wurde mir dann das schönste Wesen, das ich je gesehen habe. Es duftete himmlisch und war ein wenig ungehalten. Die kleinen Fäuste rieb es unwillig so oft über die winzige Nase, dass die Haut ein bisschen wund wurde. Irgendetwas gefiel dem engelhaften Geschöpf nicht auf Erden. Aber mir gefiel es. Eine Schönheit. Makellos. Zehn Finger! Zehn Zehen!

Ich ließ mich zu einer Telefonzelle im Krankenhaus schieben, um diesen unbeschreiblichen Jubel mit meinen Eltern zu teilen. Die wollten allerdings morgens um drei Uhr nicht gestört werden und gingen nicht ans Telefon. Am nächsten Morgen kamen sie aber doch, um das Kind zu besichtigen. Mein Vater sagte mit für ihn ungewöhnlicher Rührung in der Stimme: »Unsere Eisprinzessin ist da!« Draußen fing gerade ein Schneesturm an zu toben. Die berühmte Schneekatastrophe, die Norddeutschland im Februar 1979 erschütterte. Drama pur. Draußen wie drinnen. Für mich und meine Tochter aber funkelte und glitzerte die Welt in außergewöhnlicher Weise und war – dem Anlass angemessen – aus allen Fugen geraten.

Originalbeitrag.

Hinter geschlossenen Türen

THEODOR FONTANE
Effi Briest

MATTHIAS CLAUDIUS
Die Mutter bei der Wiege

HONORÉ DE BALZAC
Zwei Frauen

WILHELM RAABE
Der Hungerpastor

HEINRICH SEIDEL
Leberecht Hühnchen

THEODOR FONTANE
Effi Briest

Mit seiner Romanheldin Effi Briest hat Theodor Fontane (1819-1898) als Vertreter des deutschen Realismus eine zeitlose Figur geschaffen, die das Schicksal vieler Frauen abbildet. Der Gesellschaftsroman aus dem Jahr 1895 – für den es ein reales Vorbild gab – ist zwar angesiedelt in der Wilhelminischen Ära mit ihrem damals schon überholten Ehrenkodex, aber das Muster ist bis heute virulent: die Stammhalterverehrung, die unbedingte Bevorzugung eines männlichen Nachkommen. Effi, die siebzehnjährig mit einem doppelt so alten Baron verheiratet wird, erträgt alles, vereinsamt aber unendlich. So vollkommen allein gelassen und unbehütet wirkt sie auch bei der Geburt ihrer Tochter Annie.

Effi war fest protestantisch erzogen und würde sehr erschrocken gewesen sein, wenn man an und in ihr was Katholisches entdeckt hätte; trotzdem glaubte sie, dass der Katholizismus uns gegen solche Dinge »wie da oben« besser schütze; ja, diese Betrachtung hatte bei dem Plane, Roswitha ins Haus zu nehmen, ganz erheblich mitgewirkt.

Man lebte sich schnell ein, denn Effi hatte ganz den liebenswürdigen Zug der meisten märkischen Landfräulein, sich gern allerlei kleine Geschichten erzählen zu lassen, und die verstorbene Frau

Registratorin und ihr Geiz und ihre Neffen und deren Frauen boten einen unerschöpflichen Stoff. Auch Johanna hörte dabei gerne zu.

Diese, wenn Effi bei den drastischen Stellen oft laut lachte, lächelte freilich und verwunderte sich im Stillen, dass die gnädige Frau an all dem dummen Zeuge so viel Gefallen finde; diese Verwunderung aber, die mit einem starken Überlegenheitsgefühle Hand in Hand ging, war doch auch wieder ein Glück und sorgte dafür, dass keine Rangstreitigkeiten aufkommen konnten. Roswitha war einfach die komische Figur, und Neid gegen sie zu hegen, wäre für Johanna nichts anderes gewesen, wie wenn sie Rollo um seine Freundschaftsstellung beneidet hätte.

So verging eine Woche, plauderhaft und beinahe gemütlich, weil Effi dem, was ihr persönlich bevorstand, ungeängstigter als früher entgegensah. Auch glaubte sie nicht, dass es so nahe sei. Den neunten Tag aber war es mit dem Plaudern und den Gemütlichkeiten vorbei; da gab es ein Laufen und Rennen, Innstetten selbst kam ganz aus seiner gewohnten Reserve heraus, und am Morgen des 3. Juli stand neben Effis Bett eine Wiege. Doktor Hannemann patschelte der jungen Frau die Hand und sagte: »Wir haben heute den Tag von Königgrätz; schade, dass es ein Mädchen ist. Aber das andere kann ja nachkommen, und die Preußen haben viele Siegestage.« Roswitha mochte wohl Ähnliches denken, freute sich indessen vorläufig ganz uneingeschränkt über das, was da war, und nannte das Kind ohne weiteres »Lütt-Annie«, was der jungen Mutter als ein Zeichen galt. »Es müsse doch wohl eine Eingebung gewesen sein, dass Roswitha gerade auf diesen Namen gekommen sei.« Selbst Innstetten wusste nichts dagegen zu sagen, und so wurde schon von Klein-Annie gesprochen, lange bevor der Tauftag da war. Effi, die von Mitte August an bei den Eltern in Hohen-Cremmen sein wollte, hätte die Taufe gern bis dahin verschoben.

Theodor Fontane: *Effi Briest*. Roman. Anm. und Nachw. von Peer Trilcke. Stuttgart: Reclam, 2019. S. 128 f.

MATTHIAS CLAUDIUS

Die Mutter bei der Wiege

Matthias Claudius (1740-1815), der Dichter der Empfindsamkeit, liebte seine zwölf Kinder, von denen eines bereits kurz nach der Geburt starb, inniglich. Er war ein liebevoller Vater und feierte zahllose Feste mit seinen Kindern. Im Hamburger Stadtteil Wandsbek steht heute ein Denkmal für ihn, das ihn bei einem Freudensprung zeigt, den er rituell über eines seiner älteren Kinder machte, wenn die Geburt eines neuen Kindes zu bejubeln war. Es verwundert daher nicht, dass seine Gedichte oft die Trauer über die Kürze der Kindheit beschreiben. Bekannt wurde er durch das 1779 entstandene Abendlied »Der Mond ist aufgegangen«, mit dem unzählige Kinder auch heute noch in den Schlaf gewiegt werden. Der Scherz über die Form der Nase seines Kindes in »Die Mutter bei der Wiege« und die Frage, woher sie denn stamme, sind typisch für seinen liebevoll ironischen Erzählton.

Schlaf, süßer Knabe, süß und mild!
Du deines Vaters Ebenbild!
Das bist du; zwar dein Vater spricht,
Du habest seine Nase nicht.

Nur eben itzo war er hier
Und sah dir ins Gesicht,
Und sprach: Viel hat er zwar von mir,
Doch meine Nase nicht.

Mich dünkt es selbst, sie ist zu klein,
Doch muss es seine Nase sein;
Denn wenn's nicht seine Nase wär,
Wo hätt'st du denn die Nase her?

Schlaf, Knabe, was dein Vater spricht,
Spricht er wohl nur im Scherz;
Hab immer seine Nase nicht,
Und habe nur sein Herz!

Matthias Claudius: *Werke*. Zwölfte Aufl., rev., mit Anm. und einer Nachrede von Dr. C. Redsich. *Asmus omnia sua secum portans oder Sämmtliche Werke des Wandsbecker Boten*. Bd. 1: Tl. 1–5. Gotha: Friedrich Andreas Perthes, 1882. S. 39.

HONORÉ DE BALZAC

Memoiren zweier jungen Frauen

In seinem erstaunlich modern wirkenden Briefroman *Memoiren zweier junger Frauen* (frz. *Mémoires de deux jeunes mariées*, 1841/42) hat Honoré de Balzac (1799–1850) zwei Temperamente miteinander korrespondieren lassen, die entgegengesetzte Lebensmodelle vertreten: Renée ist eine Vernunftehe eingegangen mit einem Mann, der weder besonderes Ansehen genießt noch über Wohlstand verfügt. Sie widmet sich ganz ihrer Mutterrolle. Louise führt dagegen ein zügelloses Liebesleben, heiratet einen treulosen Schuft und bleibt kinderlos. Nach der Geburt des ersten Sohnes schreibt Renées Ehemann der vermögenden Freundin, um sie über das Ereignis zu informieren und sie zur Taufe einzuladen. Offenbar erwartet man von ihr auch finanzielle Unterstützung. Interessant ist hier, dass Renées Ehemann ausdrücklich betont, dass seine Gemahlin ihr Kind selbst stillt, was damals in diesen Kreisen absolut nicht üblich war.

XXXI.
Herr v. l'Estorade an die Baronin v. Macumer

Gnädige Frau!

Meine Frau wollte nicht, dass Sie durch eine gewöhnliche Geburtsanzeige ein Begebnis erführen, das uns mit Freude überhäuft. Sie ist soeben von einem derben Knaben entbunden worden, und wir werden seine Taufe bis zu dem Momente verschieben, da Sie auf Ihr Landgut Chantepleurs zurückgekehrt sind. Renata und ich hoffen, dass Sie bis nach la Crampade kommen und Sie die Patin unsres ersten Kindes sein werden. In dieser Hoffnung will ich ihn unter dem Namen *Armand Ludwig von l'Estorade* in die Seelenliste eintragen lassen. Unsre liebe Renata hat viel gelitten, aber mit engelgleicher Geduld. Sie kennen dieselbe; sie ward in diesem ersten Versuche des Mutterstandes durch die Überzeugung von dem Glücke, das sie uns allen verschaffte, aufrecht gehalten.

Ohne mich den etwas lächerlichen Übertreibungen der Väter, die zum ersten Male Väter sind, zu überlassen, kann ich Sie versichern, dass der kleine Armand sehr schön ist; aber Sie werden dies leicht glauben, dass er die Züge und Augen Renatas hat. Dies ist schon ebenso gut, wie wenn er ihren Geist hat.

Jetzt, da uns der Arzt und der Geburtshelfer versichert haben, dass Renata nicht in der geringsten Gefahr schwebe, säugt sie ihr Kind selbst, und mein Vater und ich können uns unsrer Freude überlassen.

Gnädige Frau, diese Freude ist so groß, so stark, so voll, sie belebt das ganze Haus dergestalt, dass ich zu Ihrem Glücke wünsche, es möchte mit Ihnen recht schnell auch so stehen. Renata hat eine Wohnung einrichten lassen, die ich unsrer Gäste gern würdig machen möchte, worin Sie indes, wenn auch nicht mit Prunk, doch wenigstens mit brüderlicher Herzlichkeit werden empfangen werden.

Renata, gnädige Frau, hat mir von Ihren Absichten mit uns gesagt, und ich ergreife diese Gelegenheit umso lieber, Ihnen dafür zu danken, als nichts zu gelegenerer Zeit kommt. Die Geburt meines Sohnes hat meinen Vater bestimmt, Opfer zu bringen, zu denen sich die Greise selten entschließen: Er hat zwei Besitzungen gekauft. La Crampade ist jetzt ein Gut, welches dreißigtausend Francs einbringt, und mein Vater wird den König um die Erlaubnis bitten, es zu einem Masorate erheben zu dürfen; aber verschaffen Sie meinem alten Vater den Titel, von welchem Sie in Ihrem letzten Briefe gesagt, und Sie werden alsdann schon für Ihren kleinen Paten gearbeitet haben.

Ich meinerseits werde Ihren Ratschlägen folgen, ganz allein in der Absicht um Sie während der Sitzungen der Deputiertenkammer mit Renata zu vereinigen. Ich studiere mit Eifer und suche das zu werden, was man einen spezialen Mann nennt. Nichts aber wird mir mehr Mut geben als die Überzeugung, dass Sie die Beschützerin meines kleinen Armand sind. Versprechen Sie uns also, Sie, so schön, so liebreich, so groß, so geistreich, hier für meinen ältesten Sohn die Rolle einer Fee spielen zu wollen. Sie werden dadurch, gnädige Frau, noch mit einer ewigen Dankbarkeit die Gefühle der ehrerbietigen Zuneigung vermehrt haben, mit der ich die Ehre habe zu sein

Ihr gehorsamster Diener
Ludwig v. l'Estorade

Honoré de Balzac: *Memoiren zweier jungen Frauen. Balzacs sämmtliche Werke.* 27. Bd. Quedlinburg/Leipzig: Gottfried Basse, 1844. S. 22-24.

WILHELM RAABE

Der Hungerpastor

Der deutsche Schriftsteller Wilhelm Raabe (1831–1910) gehört mit seinem Werk zur literarischen Epoche des Realismus. In seinen Romanen schildert er eine Gesellschaft, in der die Schere zwischen Armen und Reichen unsagbar weit auseinanderklafft. *Der Hungerpastor* (1867) verfolgt das Leben von zwei Kindern, die am selben Tag geboren werden, aber ganz unterschiedliche Voraussetzungen haben: der in ärmliche Verhältnisse hineingeborene Schusterjunge Johannes Unwirrsch und dessen engster Freund Moses Freudenstein, Sohn des jüdischen Nachbarn. Raabe wollte die antreibende und gleichzeitig zerstörerische Macht des Hungers darstellen: »Vom Hunger will ich in diesem schönen Buche handeln, von dem, was er bedeutet, was er will und was er vermag.« Die Geschichte beginnt mit der Geburt von Johannes Unwirrsch.

»Da haben wir den Jungen! Da haben wir ihn endlich – endlich!«, rief der Vater meines Helden und tat einen langen, erleichternden Atemzug, wie ein Mann, der langes, vergebliches Sehnen, schwere Arbeit, viele Mühen und Sorgen getragen hat und endlich glücklich zu einem glücklichen Ziel gekommen ist. Mit klugen, glänzenden Augen sah er herab auf das unansehnliche, kümmerliche Stück Menschentum, welches ihm die Wehemutter in die Arme gelegt hatte, grad als die Feierabendglocke erklang. Eine Träne stahl sich über die hagere Wange des Mannes; und die scharfe, spitze, kluge väterliche Nase senkte sich immer tiefer gegen das unbedeutende, kaum erkennbare Näschen des Neugeborenen, bis sie plötzlich mit einem Ruck wieder emporfuhr und sich ängstlich fragend gegen die gute, hülfreiche Frau, die so viel zu seinem Entzücken beigetragen hatte, richtete.

»O Frau Gevatterin – Gevatterin Tiebus, es ist doch wirklich, wirklich einer? Sagt's noch einmal, dass Ihr Euch nicht irrt – dass dem wirklich, wirklich also ist!«

Die Wehemutter, die bis jetzt mit selbstbewusstem, lächelndem Kopfnicken der ersten zärtlichen Begrüßung zwischen Vater und Sohn zugesehen hatte, hob nun ebenfalls ihre Nase sehr ruckartig, verscheuchte mit einer unnachahmlichen Bewegung beider Arme alle Geister und Geisterchen des Wohlwollens und der Zufriedenheit, von welchen sie bis jetzt umflattert wurde, stemmte die Fäuste in die Seite, und mit Hohn, Verachtung und beleidigtem Selbstgefühl sprach sie:

»Meister Unwirrsch, Ihr seid ein Narr! Lasst Euch an die Wand malen! ... Ob es einer ist? – Hat die Welt je so was gehört von solchem alten, verständigen Menschen und Hausvater? ... Ob es einer ist!? Meister Unwirrsch, ich glaube, nächstens verlernt Ihr noch, einen Stiefel von einem Schuh zu unterscheiden. Da sieht man's recht, was für ein Leiden es ist, wenn die Gottesgabe so spät kommt. Ist das kein Junge, den Ihr da haltet? Ist das wirklich kein Junge, kein richtiger, echter Junge? Jesus, wenn die alte Kreatur nicht das arme Geschöpf in den Armen hielte, so möchte ich ihr schon eine Tachtel um solch 'ne nichtsnutzige, fürwitzige Frage stechen! Kein Junge!? Wohl ist es ein Junge,

Gevatter Pechdraht – zwaren keiner von die schwersten; aber doch 'n Junge wie was! Und wieso ist's kein Junge? Ist nicht der Buohnohparteh, der Napohlion, wieder unterwegens übers Wasser, und gibt's nicht Krieg und Katzbalgerei zwischen heut und morgen, und braucht man etwan keine Jungen, und werden nicht etwan in jetziger gesegneter und geschlagener Zeit mehr Jungen als Mädchen drum in die Welt gesetzt, und kommen nicht auf ein Mädchen drei Jungen, und kommt Ihr mir so, Gevatter, und wollt einer gewickelten und gewiegten Perschon nichtswürdige Fragen stellen? Lasst Euch an die Wand malen, Gevatter Unwirrsch, und drunter schreiben, wofür ich Euch halte. Gebt her den Jungen; Ihr seid gar nicht wert, dass er sich mit Euch abgibt – marsch fort mit Euch zu Eurer Frau – am Ende fragt Ihr die auch, noch, ob's – ein – Junge – ist!«

Unsanft wurde das Wickelkind aus den Armen des verachteten, niedergeschmetterten Vaters gerissen, und nach abermaligem Atemholen humpelte der Meister Anton Unwirrsch in die Kammer zu seiner Frau, und die Glocken des Feierabends läuteten immer noch; wir aber wollen weder die beiden Ehegatten noch die Glocken stören – sie sollen ihre Gefühle ausklingen lassen, und niemand soll dreinreden und -schreien dürfen. –

Arme Leute und reiche Leute leben auf verschiedene Art in dieser Welt: Aber wenn die Sonne des Glücks in ihre Hütten, Häuser oder Paläste fällt, so vergoldet sie mit ganz dem nämlichen Schein die hölzerne Bank wie den Sammetsessel, die getünchte Wand wie die vergoldete; und mehr als ein philosophischer Schlaukopf will bemerkt haben, dass, was Freude und Leid betrifft, der Unterschied zwischen reichen und armen Leuten gar so groß nicht sei, wie man auf beiden Seiten oft, sehr oft, ungemein oft denkt. Wir wollen das dahingestellt sein lassen: Uns genügt es, dass das Lachen nicht Monopol und das Weinen nicht Servitut ist auf diesem rundlichen, an beiden Polen abgeplatteten, feuergefüllten Ball, auf welchem wir uns ohne unsern Willen einfinden und von welchem wir ohne unsern Willen abgehen, nachdem uns der Zwischenraum zwischen Kommen und Gehen sauer genug gemacht wurde.

In armer Leute Haus schien jetzt die Sonne, das Glück beugte sein Haupt unter der niedern Tür und trat lächelnd herein, beide Hände offen zum Gruß darbietend. Es war hohe Freude über die Geburt des Sohnes bei den Eltern, dem Schuster Unwirrsch und seiner Frau, welche so lange drauf gewartet hatten, dass sie nahe daran waren, solche Hoffnung gänzlich aufzugeben.

Und nun war er doch gekommen, gekommen eine Stunde vor dem Feierabend! Die ganze Kröppelstraße wusste bereits um das Ereignis, und selbst zum Meister Nikolaus Grünebaum, dem Bruder der Wöchnerin, der ziemlich am andern Ende der Stadt wohnte, war die frohe Botschaft gedrungen. Ein grinsender Schusterjunge, der seine Pantoffeln, um schneller laufen zu können, unter den Arm genommen hatte, brachte die Nachricht dahin und schrie sie atemlos dem Meister in das weniger taube Ohr, was zur Folge hatte, dass der gute Mann während fünf Minuten viel dümmer aussah, als er war. Jetzt aber war er bereits auf dem Wege zur Kröppelstraße, und da er als Bürger, Hausbesitzer und ansässiger Meister die Pantoffeln nicht unter den Arm nehmen konnte, so war davon die Folge, dass ihn der eine treulos an einer Straßenecke verließ, um das Leben auf eigene Hand oder vielmehr auf eigener Sohle anzufangen.

Als der Oheim Grünebaum in dem Hause seines Schwagers anlangte, fand er daselbst so viele gute Nachbarinnen mit Ratschlägen und Meinungsäußerungen vor, dass er sich in seiner jammerhaften Eigenschaft als alter Junggesell und ausgesprochener Weiberhasser höchst überflüssig erscheinen musste. Er erschien sich auch in solchem Lichte und wäre beinahe umgekehrt, wenn ihn nicht der Gedanke an den in dem »Lärmsal« elendig verlassenen Schwager und Handwerksgenossen doch dazu gebracht hätte, seine Gefühle zu bemeistern. Brummend und grunzend drängte er sich durch das Frauenvolk und fand endlich richtig den Schwager in einer auch nicht sehr beneidenswerten und leuchtenden Lage und Stellung.

Man hatte den Armen vollständig beiseitegeschoben. Aus der Kammer der Wöchnerin hatte ihn die Frau Tiebus hinausgemaßregelt; in der Stube unter den Nachbarinnen war er auch vollkommen überflüssig; der Gevatter Grünebaum entdeckte ihn endlich in einem Winkel, wo er kümmerlich zusammengedrückt auf einem Schemel saß und Teilnahme nur an der Hauskatze fand, die sich an seinen Beinen rieb. Aber in seinen Augen war noch immer jener Glanz, der aus einer andern Welt zu stammen scheint: Der Meister Unwirrsch hörte nichts von dem Flüstern und Schnattern der Weiber, er sah nichts von ihrem Durcheinander, er sah auch den Schwager nicht; bis dieser ihn an den Schultern packte und ihn auf nicht sehr sanfte Art ins Bewusstsein zurückschüttelte.

»Gib 'n Zeichen, dass du noch beis labendige Dasein bist, Anton!«, brummte der Meister Grünebaum. »Sei 'n Mensch und 'n Mann, wirf die Weibsleute raus, alle, bis auf – bis auf die Base Schlotterbeck dort. Denn obschonst der Deibel die Graden und die Ungraden nimmt, so ist das doch die Einzigste drunter, die 'nen Menschen wenigstens alle Stunde einmal zu Worte kommen lässt. Willst du nicht? Kannst du nicht? Darfst du nicht? Auch gut, so fass hinten meine Jacke, dass ich dich sicher aus dem Tumult bringe; komm die Treppe herauf und lass es gehen, wie es will. Also der Junge ist da? Na, gottlob! Ich dachte schon, wir hätten wieder vergeblich gelauert.«

Durch die Weiber schoben sich seitwärts die beiden Handwerksgenossen, gelangten mit Mühe auf den Hausflur und stiegen die enge, knarrende Treppe hinauf, welche in das obere Stockwerk des Hauses führte, allwo die Base Schlotterbeck ein

Stübchen, eine Kammer und eine Küche gemietet hatte und wo also die Familie Unwirrsch nur noch über ein Gemach gebot, das so mit Gegenständen von allerlei Art vollgepfropft war, dass für die beiden ehrenwerten Gildebrüder kaum noch der nötige Platz zum Niederhocken und Seelenaustausch übrigblieb. Kisten und Kasten, Kräuterbündel, Maiskolben, Lederbündel, Zwiebelbündel, Schinken, Würste, unendliche Rumpeleien waren hier mit wahrhaft genialer Geschicklichkeit neben-, unter-, über-, vor- und zwischeneinandergedrängt, – gehängt, – gestellt, – gestopft und – geworfen; und kein Wunder war's, wenn der Schwager Grünebaum hier seinen zweiten Pantoffel verlor.

Aber die letzten Strahlen der Sonne fielen durch die beiden niedrigen Fenster in den Raum; vor den Nachbarinnen und der Frau Tiebus war man in Sicherheit; auf zwei Kisten setzten sich die beiden Meister einander gegenüber nieder, reichten sich die Hände und schüttelten sie während wohlgezählter fünf Minuten.

»Gratulabumdum, Anton!«, sagte Nikolaus Grünebaum.

»Ich danke dir, Nikolaus!«, sagte Anton Unwirrsch.

»Vivat, er ist da! Vivat, er lebe hoch! – nochmals, ab –«, schrie aus vollem Halse der Meister Grünebaum, brach aber ab, als ihm der Schwager die Hand auf den Mund drückte.

»Nicht so laut, um Gottes willen nicht so laut, Niklas! Die Frau liegt hier grade unter uns und hat so schon ihre liebe Not mit den Weibern.«

Die Faust ließ der neue Onkel auf seine Knie fallen:

»Hast recht, Bruderherz: Der Deibel hole die Graden und die Ungraden. Aber nun geh mal los, Alter; wie ist dir denn zumute? Allewege ganz und gar nicht wie sonsten? Hoho! Wie sieht denn die Kröte aus? Alles an die rechte Stelle? Nase, Mund, Arm und Bein? Nichts vermalhört? Alles in Ordnung: Strippen und Schäfte, Oberleder, Spann, Hacken und Sohle? Gut verpicht, vernagelt und adrett gewichst?«

»Alles, wie es sein muss, Bruderherz!«, rief der glückliche Vater, die Hände aneinander reibend. »Ein Staatsjunge! Gott segne uns in ihm. O Niklas, tausenderlei wollt ich dir sagen, aber es würgt mich zu sehr in der Kehle; alles geht rund mit mir um –«

»Lass es gehen, wie's will; wenn die Katze vom Dach geworfen ist, muss sie sich erst besinnen«, sagte der Schwager Grünebaum. »Die Frau ist doch wohlauf?«

»Gott sei's gedankt. Sie hat sich gehalten wie eine Heldin; keine Kaiserin hätt's besser gemacht.«

»Sie ist eine Grünebaum«, sagte Nikolaus mit Selbstbewusstsein, »und die Grünebäume können im Notfall die Zähne zusammenbeißen. Auf was für 'n Namen willst du den Jungen gehen lassen, Anton?«

Mit der hagern Hand fuhr der Vater des Neugeborenen über die hohe, furchenreiche Stirn und starrte einige Augenblicke durch das Fenster ins Weite. Dann sagte er:

»Getauft soll er werden auf drei Handwerksgenossen. Johannes soll er heißen wie der Poete in Nürnberg und Jakob wie der hochgelobte Philosophus von Görlitz, und wie zwei Flügel sollen ihm die beiden Namen sein, dass er damit aufsteige von der Erde zum blauen Himmel und sein Teil Licht nehme. Aber zum dritten will ich ihn Nikolaus nennen, damit er immer wisse, dass er auf der Erde einen treuen Freund und Fürsorger habe, an welchen er sich halten kann, wenn ich nicht mehr vorhanden bin.«

»Das nenn ich 'nen Satz mit 'nem Kopf von Sinn und Verstand und 'nem dicken, unsinnigen Schwanz. Die Namen gib ihm, und es soll für uns alle drei Perschonen 'ne Ehre sein; aber mit den alten, närrischen Todesschrullen bleib mir vom Leibe. Fett bist du nicht, und 'nen Ochsen schlägst du auch grade nicht mit dem bloßen Knieriemen nieder; aber den Pechdraht kannst du noch manch hübsches Jährlein ziehen, du alter, spintisierender Bücherhase, du.«

Der Meister Unwirrsch schüttelte den Kopf und brachte die Rede auf was anderes, und mancherlei sprachen die beiden Schwäger noch miteinander, bis es vollständig Dämmerung in der Rumpelkammer geworden war.

Wilhelm Raabe: *Ausgewählte Werke in sechs Bänden.* Bd. 3: *Der Hungerpastor. Drei Federn.* Hrsg. von Peter Goldammer und Helmut Richter. Berlin/Weimar: Aufbau, 1964-66. S. 7-13.

HEINRICH SEIDEL

Leberecht Hühnchen

Der deutsche Schriftsteller Heinrich Seidel (1842–1906) schaffte es, sich den Zumutungen seiner Epoche konsequent zu entziehen, indem er in ein privates Idyll floh. Gleichwohl war er als Ingenieur unentwegt voller Pläne, entwarf Bahnanlagen sowie das Hallendach des Berliner Anhalter Bahnhofs. Er interessierte sich aber auch für Samen fremdartiger Gewächse und beschäftigte sich mit der Aussaat neuer Pflanzen. Wundervoll beschreiben konnte er das einfache, bescheidene Leben sowie die häusliche Zufriedenheit. Er vermittelt in seinen Erzählungen stets das große Gefühl des Glücklichseins. So beschreibt er in seinem berühmten Roman *Leberecht Hühnchen*, entstanden in mehreren Episoden zwischen 1880 und 1893, die Geburt eines Kindes, die in fröhlichster Weise von den männlichen Verwandten bejubelt wird. Es ist ein Knabe und dann auch noch am 28. August zur Welt gekommen: Goethes Geburtstag. Mehr kann man nicht erwarten. »Auf zur Besichtigung!«

Es kommt Besuch

Der achtundzwanzigste August des nächsten Jahres war ein bemerkenswerter Tag, denn als ich am Nachmittage von meinem Büro nach Hause kam, war unterdessen ganz plötzlich Besuch angekommen. Frau Lore, die sich schon am Vormittage zufällig eingefunden hatte, um sich nach ihrer Tochter umzusehen, kam mir strahlenden Angesichts mit dieser Nachricht entgegen. Dieser Besuch stellte sich dar als höchst sonderbarer kleiner Herr mit mangelhaftem Haarwuchs und einem ältlichen, verdrießlichen Gesichte, das so rot war wie eine Schlackwurst. Sein Benehmen war höchst anspruchsvoll, und seine erste Tat bei der Ankunft in unserer Häuslichkeit war gewesen, mit ungemein lauter Stimme und mit grenzenloser Rücksichtslosigkeit sein allerhöchstes Missfallen mit allem und jedem auszusprechen. Drei Frauenzimmer, meine Schwiegermutter, Lotte und eine fremde weise Frau von behäbigem und freundlichem Aussehen, hatten sich bemüht, allen seinen Wünschen gerecht zu werden, sie hatten ihm die schmeichelhaftesten Dinge gesagt, sie hatten ihm ein Bad bereitet, sie hatten ihn in köstliche weiche Leinwand gekleidet, ihn sanft in Kissen gehüllt und ihn in einen schönen funkelnagelneuen Wagen gelegt, der sonderbarerweise schon seit einiger Zeit im Hause bereitstand. Dies hatte ihn endlich so weit beruhigt, dass er in einen tiefen Schlaf gefallen war. Man sagte mir, dass Schlafen und Trinken die einzigen Beschäftigungen des kleinen Herrn wären, die nur unterbrochen würden durch Äußerungen kräftigen Unwillens und andere sehr wichtige Tätigkeiten, die fortwährend Veranlassung zu kleinen Wäschen geben. Trotz aller dieser wenig empfehlenden Eigenschaften des neuen Gastes herrschte Glück und Freude über ihn in der ganzen Wohnung, und auch ich muss gestehen, dass ich über seine Ankunft außerordentlich vergnügt war und dass ein ungekanntes

Gefühl von Würde mich durchströmte wegen der Standeserhöhung, die mir durch diesen Besuch zuteil geworden war. Am glücklichsten aber war wohl Frieda, die zwar etwas blass, aber mit seligem Lächeln in ihrem Bette lag, den Kopf immer ein wenig nach jener Seite hingewendet, wo der kleine Mann in seinem Wagen ruhte.

Nach einer Weile klingelte es und als ich hinging, um zu öffnen, stand Hühnchen vor der Tür. »Ich weiß alles«, rief er; »Lore hat mir eine Postkarte geschickt. Hurra!« Dann ging er eilig in das große Vorderzimmer und zog mich geheimnisvoll an der Hand nach sich. Er öffnete die Tür des Berliner Zimmers und sah vorsichtig hinein. »Sie sind alle hinten, was?«, fragte er dann. Ich bejahte dies.

»Teuerster«, sagte er dann, »du siehst mich jetzt an der Schwelle des Greisenalters stehen. Ich bin zwar erst sechsundvierzig Jahre alt und habe noch kein graues Haar, aber die Tatsache ist nicht zu leugnen: Ich bin Großvater, ein richtiger veritabler, unanfechtbarer Großvater. Das freut mich ganz unmenschlich, und ich muss, teuerster Schwiegersohn, ich muss, und wenn es mein Leben kosten sollte, ich muss in diesem feierlichen Augenblicke einen Indianertanz loslassen, sonst gehe ich zugrunde. Es soll meine letzte Jugendtorheit sein, und keine Handlung sollen deine Augen ferner von mir sehen, die nicht eines Großvaters würdig wäre, und als solche nicht im Panoptikum ausgestellt werden könnte. Hurra! Hurra! Hurra!«

Und damit tanzte er los ohne Gnade und schwang sein Bein wie ein Jüngling, und, ich will es nur gestehen, ich tanzte mit, dass die Möbel zitterten, die Uhren klirrten und die ganze leicht gebaute Mietskaserne ins Wackeln kam und am anderen Tage in der Zeitung stand, Falbs Theorie der kritischen Tage habe sich wiederum bewährt, denn in dem Hause Frobenstraße Nummer 36 habe Herr Doktor Ramann (der über uns drei Treppen hoch wohnte) am achtundzwanzigsten August nachmittags vier Uhr fünfundfünfzig Minuten die Spuren eines leichten Erdbebens bemerkt.

»So«, sagte Hühnchen, indem er nach Beendigung dieser Orgie doch ein wenig schnaufte, »nun ist mir wieder ganz wohl, sonst wären mir die versetzten Großvaterfreuden am Ende in die Glieder gefahren. Tanzen in solchen Fällen ist furchtbar gesund. Schon in alten Zeiten tat man das. Denk nur an David.«

Dann aber hob er den Zeigefinger auf und sprach mit großer Wichtigkeit: »Nun aber, lieber Schwiegersohn, kommt eine Frage von ungeheurer Bedeutung, und diese lautet: Wie soll dieser Sohn heißen?«

»Ja«, sagte ich, »wir schwanken. Ich bin für Werner, Frieda für Konrad und deine Frau für Gottfried.«

Nun hätte man aber das pfiffige Gesicht sehen sollen, das Hühnchen machte, und den Ausdruck erhabenen Triumphes hören, mit dem er sagte: »Ja, hättet ihr Großvatern nicht!«

Dann nahm er mich an den Schultern, schob mich vor sich her in mein Zimmer vor den Abreißkalender und rief: »Nun, was steht da: August, 28., Donnerstag. W. v. Goethe, geb. 1749. Merkst du was? Oh, du bist doch so ein halber Literaturmensch und musst dir das von mir erst sagen lassen. Wie also soll dieser Sohn heißen?«

»Wolfgang!«, antwortete ich.

»Gut!«, rief Hühnchen. »Setz dich einen rauf.«

In diesem Augenblick ertönte vom Schlafzimmer her ein krähendes Geschrei, und Hühnchen spitzte die Ohren. »Ha«, sagte er, »das ist Musik, das ist noch mehr wert als Wachtel sein hohes C, das ist Nachtigallensang in meinem Ohre. Wolfgang schreit, mein Enkel meldet sich. Die Gelegenheit ist günstig. Auf zur Besichtigung!«

Ich muss hier nun offen gestehen, dass ich, was die Bewunderung neugeborener Kinder betrifft, ein Barbar bin wie die meisten Männer. Es war mein Sohn, es war sogar mein erster Sohn, dieses froschartige rötliche Etwas mit dem merkwürdigen Faltenwurf an den Beinen, und ich liebte ihn und war stolz auf ihn, ganz gewiss. Auch konnte er wundervoll durchdringend schreien, bei welchem Geschäft er mit Leib und Seele war, und beträchtlich zappeln mit seinen kleinen Gliedmaßen, aber schön war er durchaus nicht. Er hatte, wie überhaupt alle Neugeborenen, wenig Menschenähnliches an sich. Die Augen der Frauen sehen darin anders, und als Frau Lore ihn ausgebündelt hatte, sah sie ihn mit schwärmerischem Gesichtsausdruck von der Seite an und sagte mit dem Ausdruck tiefster innerlicher Überzeugung: »Ein schönes Kind, ein wahrer Engel, und ganz der Vater!« »Ganz der Vater!«, wiederholte Lotte, die ihn von der anderen Seite ebenso schwärmerisch betrachtete. »Ganz der Vater«, fuhr Hühnchen fort, indem er mich etwas schalkhaft dabei ansah.

Als ich dann einen schüchternen Versuch machte, meine gegenteiligen vorhin geäußerten Ansichten zum Ausdruck zu bringen, kam ich schön an.

»Aber Männchen!«, sagte Frieda, und:

»O pfui!« Frau Lore.

»Rabenvater!«, rief Hühnchen.

Lotte sagte nichts, aber ich merkte, sie räsonnierte inwendig und unterdrückte Majestätsbeleidigungen.

Als ich nachher mit Hühnchen wieder allein war, sagte er zu mir: »Lieber Schwiegersohn und junger Vater, ein Mann von Erfahrung, ein Großvater, spricht zu dir Worte der Weisheit. Merke wohl, was ich dir sage: Neugeborene Söhne sind immer schön, sie mögen aussehen, wie sie wollen; sie sind immer ›ganz der Vater‹, und darüber hat dieser glücklich zu sein. Seine Opposition hat er zu unterdrücken, selbst wenn es ihm noch so sauer wird. Denn nützen wird sie ihm niemals etwas, ebenso gut könnte er gegen Naturgesetze ankämpfen und die Schwerkraft leugnen oder die Tatsache, dass zwei mal zwei vier ist. Und dass das weibliche Geschlecht so denkt und mit anderen Augen sieht als wir, das musst du achten, denn das ist ein Ausfluss jener herrlichsten Eigenschaft, die Gott in die Seele des Weibes gelegt hat, jener Kraft, die höher ist als Berge und tiefer als die See – man nennt sie Mutterliebe.«

Ich schwieg ein wenig beschämt.

Heinrich Seidel: *Gesammelte Schriften*. Bd. 8: *Leberecht Hühnchen als Großvater*. Leipzig: A. G. Liebeskind, 1895. S. 143–151.

Männer bei der Geburt

THOMAS MANN
Briefe 1889–1936

FRÉDÉRIK SCHWILDEN
Toxic Man

JANE LAZARRE
Der Mutterschaftswahn

LUDWIG GANGHOFER
Lebenslauf eines Optimisten

THOMAS MANN
Briefe 1889–1936

Als Thomas Mann (1875–1955) im Jahr 1904 Katia Pringsheim (1883–1980) kennenlernte, war sie eine der begehrtesten jungen Frauen von München und er der junge Schriftsteller, der gerade den Sprung zum großen literarischen Erfolg mit den *Buddenbrooks* (1901) geschafft hatte. Sie heirateten, nachdem Katia sich noch eine kurze Weile gesträubt hatte, im Februar 1905 und ziemlich genau neun Monate vor der Geburt von Tochter Erika. Ein Ereignis, das den jungen Vater ziemlich stark erschüttert hat, wie der Brief an seinen Freund, den deutschen Schriftsteller Kurt Martens, verrät.

An Kurt Martens

München d. II. XI. 05
Franz-Joseph-Str. 2

Lieber Martens:

Ich zeige Dir die glückliche Ankunft eines wohl gebildeten kleinen Mädchens an. Der Tag der Ankunft war ein furchtbarer Tag; aber nun ist Alles Idyll und Friede, und das Kleine an der Brust der Mutter zu sehen, ist ein Anblick, der die Foltergräuel der Geburt nachträglich verklärt und heilig spricht. Ein Mysterium! Eine große Sache! Ich hatte einen Begriff vom Leben und einen vom Tode; aber was das ist, die Geburt, das wußte ich noch nicht. Die Anschauung davon hat mich gewaltig durchrüttelt.

Herzlichen Gruß!
Dein Thomas Mann.

Thomas Mann: *Briefe 1889–1936*. Berlin/Weimar: Aufbau, 1965. S. 75. – © 1965 Aufbau, Berlin/Weimar.

FRÉDÉRIK SCHWILDEN

Toxic Man

Der 1988 geborene Journalist Frédéric Schwilden erzählt in seinem autobiografisch geprägten Debütroman *Toxic Man* (2023) von der als ziemlich brutal empfundenen Wirklichkeit in einer Geburtsklinik. Der Ich-Erzähler und seine Frau haben in den Wochen, bevor ihr Sohn zur Welt kommen soll, alles getan, um sich so liebevoll wie möglich auf eine romantisch sanfte Geburt vorzubereiten. Der Ablauf in der Klinik verläuft dann ernüchternd anders. Von dem Moment an, als die Geburt mit Wehenmitteln unterstützt werden soll, läuft alles, was sie sich vorgenommen hatten, aus dem Ruder. Die Mutter ist außer sich vor Schmerzen und der Vater leidet mit – bis zu dem Moment, als sein Sohn endlich da ist.

Am Nachmittag kommen die Wehen in deutlich kürzeren Abständen. Aber der Muttermund, wieder überprüft von unzähligen Fingern, öffnet sich nur langsam. Riccarda hat jetzt starke Schmerzen bei den Wehen. Diese Leichtigkeit der Zeit zwischen Vor- und Nachmittag ist verschwunden.

Wir haben einen eigenen Kreißsaal zugewiesen bekommen. Mit Badewanne, Medizinball und einer Stereoanlage, falls man

Musik hören möchte. Musik, die man auf CDs mitgebracht haben sollte. Wir besitzen keine einzige CD mehr.

Riccarda liegt auf einer Liege. So seitlich, ihr rechtes Bein ist auf einem Halter drauf. So einer bizarren Haltevorrichtung für Beine. Wir schauen *Twin Peaks* auf ihrem Handy.

Mit der Abendschicht kommt die dritte Belegschaft des Tages. Ich habe genau mitgezählt. Um 18 Uhr prüft die zehnte Person mit zwei Fingern in Riccardas Vagina, wie weit ihr Muttermund geöffnet ist.

Die Oberärztin legt eine PDA. Das ist eine örtliche Betäubung, die direkt ins Rückenmark gestochen wird. Um 23 Uhr empfiehlt sie ein Wehen-Einleitungsmedikament. Riccarda stimmt zu. Die letzten Stunden habe ich ihre Hand gehalten. Ich habe sie gefragt, ob das gut sei. Sie hat *Ja* gesagt. Fotos habe ich auch gemacht. Aber da hatten wir vorher darüber gesprochen. Sie wollte das auch. Ich möchte alles tun, was sie braucht. Es geht hier um sie.

Aber die Sache mit den Fotos, die fanden wir beide eben gut. Obwohl die Menschheit schon so lange Kinder bekommt, obwohl jeden Tag ungefähr 132 Millionen Kinder geboren werden, ist eine Geburt nach wie vor ein Mythos. Und wir wollten das irgendwie näher verstehen. Und neben dem eigenen Erfahren wollten wir eine andere Auseinandersetzung dazu. So kamen wir auf die Idee mit den Fotos.

Um Mitternacht beginnt das Wehen-Medikament zu wirken. Die Wehen und der Geburtsvorgang haben jetzt cineastische Ausmaße. Vorher war alles noch irgendwie ruhig. Aber jetzt hat sie Schmerzen, die sie noch nie gehabt hat. Die Wehen kommen in Sekundenabständen wie Wellen aus Schmerz. Mit ihrer rechten hält Riccarda meine linke Hand. Bei jeder Wehe drückt sie so fest, dass ich denke, dass sie mich ernsthaft verletzen könnte.

Ich zieh kurz den Ring aus, sage ich, *ist das in Ordnung?*

Die Knochen drücken so stark gegen das Gold unseres Eherings, dass ich Angst habe, dass einer meiner Finger bricht. Riccardas Augen sind geschlossen, sie kann weder *Ja* noch *Nein* sagen. Ihr Körper kämpft mit der Geburt, für die Geburt. Die PDA hilft nicht mehr gegen die Schmerzen. Sie bringen ihr Lachgas. Mit der linken Hand drückt sie sich bei Bedarf die Maske aufs Gesicht und atmet tief ein. Sie wirkt noch abwesender.

Das ist zu viel, bringt sie heraus. *Da wird mir schwindlig von.*

Inzwischen ist die Frühschicht dran. Die vierte komplett neue Mannschaft bei dieser Geburt.

Ein junger Arzt stellt sich vor. Dann wieder zwei Finger in Riccarda.

Wenn das in fünfzehn Minuten noch nicht weiter ist, sollten wir einen Kaiserschnitt machen.

Der Arzt geht. Die Schwester sagt: *Wir schaffen das schon noch. Sie versuchen es erst mal weiter so. Sie bestimmen das.*

Riccarda schreit nicht. Sie macht einen tiefen, fast meditativen Ton bei jeder Wehenwelle. Es klingt wie ein Didgeridoo. Ich mache mit.

Wuuu uuuu uuuuu uuu

Wuuu uuuu uuuu

Wuuu uuuu uuu

Ich spüre meine linke Hand nicht mehr, so stark drückt Riccarda zu. Ich kann mir nicht vorstellen, was Riccarda spürt. Aber ich finde das alles wunderschön. Diese Kraft. Diese Gewalt. Diese Natur. Gleichzeitig ist es einfach nur krass. Gewalt. Schmerz. Der Kreißsaal hört auf zu existieren. Ich höre auf zu existieren. Meinen Körper gibt es nicht mehr. Es gibt nur noch dieses Jetzt hier. Wir sind die Geburt.

Der Oberarzt stemmt sich mit seinem Gewicht auf Riccardas Bauch, er versucht, Edward herauszudrücken. Es geht nicht.

Die Schwester kontrolliert noch einmal mit ihren Fingern.
Der Kopf passt einfach nicht durch, sagt sie.
Wir bereiten dann den OP vor, sagt der Arzt.
Riccarda nickt.
Willst du das?, frag ich sie.
Riccarda nickt.
Wirklich?
Da kommt schon wieder eine Welle. Und wir werden wieder Didgeridoo-Töne.

Und dann sind wir im Operationssaal. Ich trage einen grünen Kittel. Ich habe mir die Hände desinfiziert und einen Mundschutz und eine Haube aufgezogen.
Vielleicht wollen Sie lieber am Kopfende stehen?
Riccarda ist bei Bewusstsein. Ein Pfleger, eine Schwester, der Oberarzt und die Assistenzärztin sowie die Anästhesistin stehen um Riccarda herum. Sie bekommt eine lokale Betäubung. Ich streichele ihren Kopf. Ich atme mit ihr.
Spüren Sie das?, fragt die Anästhesistin, die etwas aus einer Spraydose auf Riccardas Bauch sprüht.
Riccarda sagt: *Kalt. Mir ist so kalt.*
Das soll auch kalt sein. Damit überprüfen wir, ob die Betäubung wirkt. Braucht noch ein bisschen.
Mir ist so kalt. So kalt. Kalt.
Weil ich am Kopf von Riccarda stehe und über ihrem Bauch ein Tuch nach oben gespannt ist, sehe ich nichts von dem, was dort passiert. Manchmal guckt ein Stück Arm oder ein Stück Kopf neben oder über dem Tuch hervor.
Das tut so weh, sagt Riccarda. *Es tut einfach nur weh.*
Merken Sie das?, fragt der Oberarzt.
Es brennt.
Wir haben schon längst geschnitten.

Es tut wirklich weh.

Dann machen sie eine Vollnarkose. Ich werde aus dem OP geschickt. Ich ziehe den Kittel aus. Den Mundschutz. Die Haube. Ich wasche meine Hände. Ich setze mich auf den Gang vor den Operationssaal. Da bin ich dann. Ganz alleine. Ich höre nichts. Nur das leise Brummen der Leuchtröhren und der Belüftung.

Auf dem Boden liegt grünes Linoleum. Die Wand ist hellblau tapeziert. Ich rieche Desinfektionsmittel.

Ich beginne zu weinen. Obwohl ich seine Stimme noch nie gehört habe, obwohl ich noch nicht mal weiß, wie er aussieht, weil ich vor dem Kreißsaal sitze, spüre ich die größtmögliche Liebe, als ich Edwards ersten Schrei höre.

Ich spüre Tränen meine Wangen hinunterlaufen. Eine Schwester bringt mich in den Aufwachraum.

Gleich können Sie ihn halten.

Der Raum ist leer. Ein Bett. Zwei Schränke. Fenster.

Die Schwester sagt: *Ihre Frau wird noch zusammengenäht.* Ich höre den zweiten, den dritten und den vierten Schrei meines Sohnes. Es ist wunderschön.

Ich setze mich auf das Bett. Ich stehe wieder auf. Ich schaue auf die Straße vor den Fenstern. Da sind wieder Müllmänner. Sie stellen Tonnen auf die Straße. Es wird hell. Amseln singen. Ich trinke den lauwarmen Fenchel-Tee aus der Thermoskanne, die auf dem Tisch steht. Ich esse die zwei Scheiben Zwieback, die eingeschweißt danebenliegen. Dann kommt ein Müllwagen. Die Männer hängen die Tonnen an das Fahrzeug. Unter Rütteln werden sie geleert.

Und dann kommt Edward. Ein kleines graues Etwas. Er ist wirklich grau oder grauweiß. Er ist bedeckt von einer Schicht, die man Käseschmiere nennt.

Ich habe keine Ahnung, wer sich dieses Wort ausgedacht hat. Ich glaube aber, dass dieser Jemand kein besonders inniges Verhältnis zu Schönheit im Allgemeinen hatte. Eine Schwester legt mir meinen Sohn in den Arm. Er ist in Handtücher gewickelt. Ich sehe nur seinen Kopf.

Ich liebe dich, sage ich.
Ich liebe dich.

Ich rieche an ihm. Edward riecht wie ein Tier aus dem Meer. Amphibisch irgendwie. Er ist warm und hat dunkle Haare am Hinterkopf. Oben hat er eine Glatze. Das ist ungefähr die Frisur aus dem Spätwerk von Hunter S. Thompson. Seine Augen sind schwarz.

Edward, ich liebe dich, sage ich.

Die Schwester nimmt ihn mir wieder ab. Da ist eine Waage auf einem Schrank gegenüber dem Bett. Sie wiegt ihn. 3850 Gramm. Sie steckt ihm eine Kanüle in eine Vene im Kopf. Er schreit. Sie tropft Blut aus der Kanüle auf ein Testpapier.

Sie legt mir Edward wieder auf den Arm. Obwohl ich nicht weiß, wie ich ihn halten soll, halte ich ihn. Ich halte ihn einfach, und deswegen ist es auch richtig. Man kann nichts falsch machen beim Kinderkriegen und Kinderhalten, denke ich. Also ich meine, wenn man nicht psychisch krank ist oder drogenabhängig oder so.

Sie schieben Riccarda rein. Sie ist blass.

Schön hier, sagt sie, kaum hörbar, ihre Augen fallen wieder zu.
Sie wird bald aufwachen, sagt die Schwester.
Mir ist kalt, sagt Riccarda. *Immer noch so kalt.*

Sie legen Decken auf sie. Drei übereinander. Vorgewärmte Decken.

Sie schläft. Ihr Haar liegt verschwitzt neben ihrem Kopf. Sie ist unglaublich schön.

Ich ziehe meine Schuhe aus. Ich ziehe mein Hemd und meine Hose aus. Ich lege mich mit Edward in das freie Bett neben Riccarda. Ich trage nur noch Shorts.

Die Schwestern schieben die zwei Betten zusammen und klappen diese Plastikteile in der Mitte hinunter, die einen sonst daran hindern, rauszufallen. So haben wir eine große zusammenhängende Liegefläche.

Edward liegt auf meiner nackten Brust. Ich decke uns beide zu.

Ich liebe dich, sage ich und schaue ihn an.

Ich liebe dich, sage ich zu Riccarda und schaue sie an.

Fast alles ist Gewalt. Eine Geburt auf jeden Fall. Wir werden zwischen Schweiß und Blut gezeugt und kommen in Schweiß und Blut auf die Welt. Wenn's gut läuft, ist unser Tod friedlich. Aber auch darauf können wir uns nicht verlassen. Die Mutter meiner Mutter spuckte Blut vor ihrem Tod in einem Pflegeheim. Sie starb mit weit aufgerissenen Augen. An der Wand hinter ihr war noch das erbrochene Blut vom Vortag.

Die Sache mit den Safe Spaces und der Vorstellung von Selbstbestimmung ist ja schön, aber das ganze Leben können wir nicht selbst bestimmen. Es passiert. Und manchmal können wir eingreifen. Aber einer Geburt kann man sich nur hingeben. Die Natur bezwingen zu wollen, funktioniert nie.

Frédérik Schwilden: *Toxic Man*. Roman. München: Piper, 2023. S. 207–213. – © 2023 Piper Verlag GmbH, München.

JANE LAZARRE

Der Mutterschaftswahn

Die 1943 geborene amerikanische Autorin Jane Lazarre versucht über das Thema Mutterschaft auf eine neue Weise zu erzählen. In *Der Mutterschaftswahn* (1991) schreibt sie über die Geburt ihres zweiten Kindes nicht als Quell des puren Mutterglücks, sondern gesteht Unsicherheit, Schmerzen und Todesangst. Das bedeutet keineswegs, dass die eigenen Kinder nicht unendlich geliebt werden, sondern es geht darum, dass ein ausgewogeneres Maß zwischen der Sorge um sie und der Liebe einer Mutter zu sich selbst entstehen soll. Mit einer guten Portion Humor wägt sie das Verhältnis ab zwischen dem Idealbild einer Mutter und der Realität.

Diesmal wird es anders sein

Ich hatte entsetzliche Angst. Schon zwei Monate lang. Vier Jahre zuvor, bei meiner ersten Entbindung, war ich noch naiv gewesen und hatte meine Ängste mit dem Argument beschwichtigt, daß die Geburt ein natürlicher Vorgang sei. Diesmal wußte ich es besser. Weder medizinische noch mystische Beschönigungen konnten mich jetzt noch hinters Licht führen. Meine einzige Hoffnung war, daß es diesmal schneller gehen würde und nicht erst nach vierundzwanzigstündigen Wehen, die ich bei meinem ersten Kind durchlitten hatte.

Die Schwester erlaubte James nicht, mich hineinzubegleiten, und sobald er mich verließ, nahm meine Angst zu. Die Schmerzen waren noch harmlos, nur etwa alle zwanzig Minuten kam eine echte Wehe. Aber dazwischen krampfte sich mein Bauch aus Angst so zusammen, daß ich überzeugt war, daß ich in zwei Minuten auf dem Entbindungstisch liegen würde. »Entspann dich, dann tut es weniger weh«, hatte man mir gesagt und mir einzureden versucht, daß es keinen wirklichen Grund zur Angst gebe, als ob die Schmerzen meiner Phantasie entsprängen und nicht meinem Uterus. Aber ich hatte beschlossen, diese Nacht mit kompromißlosem Realismus anzugehen. Also ging ich im Zimmer auf und ab und weinte, noch nicht aus Schmerz, nur aus Angst, bis mein Mann wieder zur Tür hereinkam.

Am Beginn unserer Liebesgeschichte, vor sieben Jahren, hatte er mir erzählt, wie sehr er Konflikte haßt. Er stammt aus einer lauten, sehr gefühlvollen Familie, deren Mitglieder unentwegt damit beschäftigt waren, sich und andere zu verstehen, und er hatte schon als Kind dazu geneigt, sich zurückzuziehen. Er pflegte in sein Zimmer hinaufzulaufen, um dem erstickenden Strom menschlicher Gefühle zu entrinnen. Oder er ging auf die Wiese hinter dem Haus und legte sich ins Gras, um einen klaren Kopf zu bekommen und an nichts anderes zu denken als an den Grashalm, den er zwischen den Zähnen zerbiß. Diese Intensität belastete ihn. Wenn er sich auslebte, dann tat er das auf dem Football-Feld oder in frühem, leidenschaftlichem Sex, aber nicht in Gesprächen, nicht einmal im Traum, jedenfalls nicht in denen, an die er sich erinnerte. Es schien so, als wäre zu einem ungewissen Zeitpunkt in der Vergangenheit eine Übereinkunft getroffen worden, eine Übereinkunft, die James zu dem Kind bestimmte, das die stumme Selbstbeherrschung an den Tag legen würde, die allen anderen fehlte, das schnurgerade auf sein Ziel zulief, während alle anderen übereinanderpurzelten.

Seine Familie lauschte gleichzeitig in drei verschiedenen Räumen dem Radio, dem Fernsehen und einem Plattenspieler, dabei fand in der Küche eine lebhafte Diskussion statt, und alle warteten auf Jims vorhersagbare Bitte, doch etwas, *irgendwas*, abzudrehen. Während alle übrigen Mitglieder der großen Familie Trost und Kraft daraus schöpften, alle Einzelheiten ihres Lebens bis in die letzte Nuance miteinander zu teilen, entwickelte James ein Bedürfnis nach strenger Diskretion; er behalte seine Angelegenheiten für sich, pflegte er zu sagen. Und während der häufigen emotionalen Auseinandersetzungen zog er es regelmäßig vor, sich in eine Zeitschrift zu vertiefen.

Dabei liebte James seine Familie; und zwar so sehr, daß er sich eine Ehepartnerin suchte, die dieser Familie weit mehr glich als ihm selbst. Vielleicht brauchte er die vertrauten, in schonungsloser Offenheit gezeigten Gefühle, um in Kontakt mit seinen eigenen Grenzen zu bleiben. Vielleicht hatte er sich daran gewöhnt, als Antwort auf die Intensität anderer die stille Rolle zu spielen. Jedenfalls heiratete er keine beherrschte Frau, von der man erwarten kann, daß sie ihre tiefsten Gefühle artig in ihrem Inneren versteckt; er heiratete mich.

Schließlich ließ ihn die Schwester in den schäbigen Raum, wo die Farbe von den Wänden blätterte, und der alte Kasten von Klimaanlage einen Krach machte wie von mehreren hundert Pferden, die auf einer Straße voll spritzender Pfützen dahingaloppieren. Genau die richtige Atmosphäre für konzentriertes, tiefes Ein- und Ausatmen. Ich befand mich erst in der ersten Phase der Atemübungen und verlor bereits die Kontrolle. Die Lamaze-Methode. Dabei hatte ich mir geschworen, nie wieder ihren hinterlistigen Versprechungen zu glauben. James grinste mir zu, als er sah, wie ich mich mit ernstem Gesicht auf das Krankenhausbett setzte und im Rhythmus von »Mary, had a Little Lamb« zu keuchen versuchte. Ich grinste zurück und sagte »Scheiße«. So war es uns in den ganzen letzten sechs Wochen ergangen. Wenn wir es über uns brachten zu üben, allein oder mit unseren Freunden, die ebenfalls ihr zweites Kind erwarteten, brachen wir nach zehn Minuten immer in Gelächter aus und gaben es auf. Wir meinten bei unserem ersten Kind begriffen zu haben, daß die ganze Natürliche-Geburt-Sekte ein großer, aufgeblasener Abwehrmechanismus gegen den Schmerz ist. Auf irgendeiner pazifischen Insel schlagen sich die Frauen während der Wehen mit scharfen Ruten – vielleicht eignet sich diese körperliche Übung ja viel besser dazu, von den Schmerzen abzulenken, als zu schnaufen wie eine läufige Hündin. Aber in beiden Fällen wird von der gleichen Annahme ausgegangen: Je besser es ihr gelingt, an etwas anderes zu denken, desto mehr ist frau imstande, den Horror zu ertragen, der sich in ihrem Uterus abspielt.

Ich bin aber nicht der Typ, der viel aushält. In beklagenswerter Weise bleibe ich hinter dem Bild der Revolutionärin zurück, das sich mein Vater erträumte und das er mir vermittelte – nur in der Phantasie halte ich der faschistischen Folter stand und weigere mich, die Namen meiner Genossen preiszugeben. In Wirklichkeit, fürchte ich, werde ich alles ausplaudern, sobald sie bloß androhen, mir wehzutun.

Die in meiner Generation so beliebten Filme, in denen Menschen körperliche Schmerzen aller Art erleiden, verstören mich tagelang, verfolgen mich in meine Nächte und verschlimmern meine Schlaflosigkeit. Dabei möchte ich nicht so sein. Ich möchte tapfer sein – eine Amazone. Und wenn es darum geht, psychischen Schmerz zu erdulden, kann ich durchaus mithalten. Aber mein Körper ist schwach. Seine bloße Fähigkeit, am Leben zu bleiben, kommt mir vor wie ein Wunder.

Als James mich angrinste, entglitt mir der letzte Zipfel der Lamaze-Illusion. »Am besten, ich warte einfach auf den Schmerz«, meinte ich. »Mit etwas Glück werde ich die Nacht überleben.« Ich erinnerte mich, daß die Endphase meiner ersten Entbindung (die entsetzlichen Preßwehen, bei denen frau das Gefühl hat, eine Brechstange zerreiße ihr die Innereien) nur eine kurze Viertelstunde gedauert hatte, und glaubte, das aushalten zu können.

Also lag ich die nächsten drei Stunden einfach da und litt vor mich hin, mit jeder Wehe ein bißchen mehr. Dabei tat ich so, als atmete ich richtig, um mir keinen Streit mit der Hebamme einzuhandeln. Zumindest erbrach ich keinen grünlichen Mageninhalt in Jims Arme wie beim letzten Mal. Ich ließ mir die Schamhaare rasieren, wobei ich unter den Händen der Schwester fast zum Orgasmus kam, versuchte, die Angst vor Schmerz und Tod zu vertreiben und konzentrierte mich auf meinen Sohn und meine Schwester und wie abhängig sie von mir waren. Damit hatte ich es bis dahin immer geschafft, meine momentane Kraft und Selbstbeherrschung noch zu steigern. Ich war überzeugt, daß das Baby um 5 Uhr früh da sein würde. Eine Schwester wettete sogar ihr Thunfisch-Sandwich darauf. Und daß es eine typische zweite Entbindung sein würde – erträglich, wenn nicht gar leicht.

Deshalb war ich völlig unvorbereitet auf den zwei Stunden und 59 Minuten dauernden Wehensturm, währenddessen ich ständig schrie und sie anflehte, mich aufzuschneiden oder mein Leben zu beenden. Ich muß das Blut aus James' Hand gepreßt haben, während die Schwestern meine Beine gespreizt hielten und ich versuchte, den Kopf des Kindes in die richtige Lage zu drücken. Zur Beschleunigung der Wehen gaben sie mir Pitocin, das, wie mich meine feministischen Schwestern gewarnt hatten, die Schmerzen heftiger und weniger beherrschbar macht. Aber das war jetzt auch schon egal. Zumindest würden sie schneller vorbei sein. Ich wollte es hinter mir haben. Ich wollte am Leben bleiben. Ich wollte, daß James zu unserem kleinen Jungen, zu unserem

Benjamin, nach Hause gehen konnte, der, davon war ich überzeugt, inzwischen ein Trennungstrauma erlitt. Dann ließ ich mir Demerol geben, in dem Bewußtsein, daß jede letzte Hoffnung, die Wehen kontrollieren zu können, damit vorbei war. Immer wieder in einen nebligen, von Brechreiz durchzogenen Dämmerzustand versinkend, wachte ich nur durch den Schmerz in meinem After auf – (»das kommt sehr häufig vor, daß man beim zweiten Kind den Druck im After spürt, junge Frau«) – oder durch Schreie, die von sehr weit weg zu kommen schienen. In den zwei oder drei Minuten während jeder Wehe, wo ich wieder bei Bewußtsein war, wurde mir klar, daß diese Schreie von mir kamen, aber unheimlicherweise hatte ich keinerlei Kontrolle über sie.

»Nicht schreien«, warnte mich die sanfte Schwester, »damit rauben Sie sich Energie für das Pressen.« Und weiß der Himmel, ich wollte ja mit diesem lächerlichen Gebrüll aufhören, ich konnte bloß nicht. Mein Mund öffnete sich wie von selbst, und das Schreien ging los.

Diese Art von Schreien hatte ich schon einmal gehört, damals, als ich als Kind verrückt geworden war und meine an Krebs gestorbene Mutter in meinem Kopf so schreien gehört hatte, daß mir die Trommelfelle von innen platzten.

Ich konnte nicht mehr klar sehen, aber ich spürte Jims Arm. Ich wollte, daß er mich für stark und erwachsen hielt. Wie er. Nicht wie mein müdes, verwirrtes Selbst, meine innere Kraft, die unter dem Druck der Mutterschaft fast zu zerbrechen drohte.

Auf dem Entbindungstisch hatte ich bereits den Glauben verloren, daß ich das alles überleben würde. Ich wagte es nicht, die Schamlippen oder den After zu berühren – war ich doch überzeugt, daß meine Hand von meinem eigenen, kostbaren Blut triefend zurückkehren würde. »Blutsturz auf dem Entbindungstisch«, hörte ich den Doktor sagen, der im Zimmer auftauchte.

Eiserne Klammern umspannten meine Unterarme. Grüne Strümpfe gingen mir bis zu den Oberschenkeln. Ein weißes Krankenhaushemd bedeckte meine Brust, und eine schreckliche Ledermaske drückte auf mein Gesicht. Nur meine Vagina lag bloß.

Liebst du mich jetzt auch, Jamie?

»Preß!« befahl James. Ich gehorchte und dachte, Adieu, du tötest mich; dann das Gefühl, mein After reißt auf, und das hervorschießende Blut überschwemmt den Boden. Auf dem Korridor hörte ich die Schreie einer anderen Frau, die dann in unaufhörliches, angstvolles Stöhnen übergingen.

»Schließen Sie die Tür, wir können uns das nicht anhören«, bestimmte mein Arzt.

»Preß!«, sagte James wieder. Ich gehorchte und dachte dabei, Adieu, mein Liebling, du weißt nicht, daß ich sterbe, aber es ist so, und ich werde niemals zu dir zurückkehren, der dunkle Schacht des Schmerzes tut sich für mich auf, und dieses letzte Mal werde ich nicht mehr herausfinden, kümmere dich um Benjamin, meinen lieben Jungen, und wisse, daß ich jetzt sterben möchte, es macht mir nichts, außer, daß ich dich verlasse

in diesem Augenblick wurde mein zweiter Sohn geboren.

Jane Lazarre: *Der Mutterschaftswahn. Ein autobiographischer Bericht.* Aus dem Amerik. von Brigitte Stein. München: Piper, 1991. S. 31–35. – © der deutschen Übersetzung: 1991 Piper Verlag GmbH, München. © 1997, Jane Lazarre. All rights reserved. Republished by permission of the copyright holder, and the Publisher. www.dukeupress.edu.

LUDWIG GANGHOFER
Lebenslauf eines Optimisten

Seine Heimatromane haben Ludwig Ganghofer (1855–1920) nicht nur Ruhm eingebracht; sie wurden schon von Zeitgenossen vielfach als Kitsch bezeichnet. Oft sind es Beschreibungen vom Leben einfacher, tüchtiger Menschen mit Gottvertrauen. In seinen historischen Romanen beschrieb er eine konservative Ideologie, die er durch Verfall und innere Zwistigkeiten bedroht sah. Frauen hatten in seinem Weltbild die Aufgabe, gesunde Kinder zu bekommen. Manche seiner Texte wirken heute bedrückend eng. Aber Ganghofer verehrte Frauen durchaus in ihrer Rolle als Mütter, wie seine Autobiographie *Lebenslauf eines Optimisten* (1909–1911) zeigt.

Buch der Freiheit

Welch ein wundersames Gefühl: in Sehnsucht lieben, was man noch nicht sah. Man weiß nur, dass es lebt, und dass es kommen wird. Feine, leise, kaum erlauschbare Herzschläge flüstern von diesem nahenden Leben. Ist ein Alltägliches, ein billionenmal Gewesenes im Ewigkeitslauf der atmenden Dinge – und doch ein Wunder, das jedem, der es erfährt, wie ein Neues und Unerhörtes erscheint. Heute sind deine Arme noch leer, und morgen tragen sie, was du heißer lieben wirst als dich selbst. Die Sprache redet so aus Gewohnheit: Blut von deinem Blute, Fleisch von deinem Fleische, Geist von deinem Geiste, Form von deiner Form. Doch diese Laute sagen dir nichts, sind leer und arm. Das Wunder ist heller als jedes menschliche Wort, tiefer als jeder menschliche Gedanke. Immer sinnt und sucht deine Seele, um es zu erforschen. Immer sieht sie ein durch Glanz und Nebel schwimmendes Gesicht, weiß und winzig, klar und dennoch unfassbar, mit Augen, die dich fragen, mit einem Mündlein, das zu dir reden möchte und noch gar nicht lächeln kann. Und wollen deine Hände in Sehnsucht greifen, dann entgleitet es und zerfließt, kein Schimmer eines Erinnerns bleibt in dir zurück – und du weißt dir keinen anderen Rat, als deine brennende Stirn in die Arme zu pressen und zu zittern an Leib und Blut. –

Am Abend des 4. Februar schrieb ich die letzten Seiten meiner Hochlandsgeschichte ›Hochwürden Herr Pfarrer‹. Im Kalender stand der Faschingssonntag. Und in dem Stockwerk unter uns wurde Hausball gehalten. Immer klangen die Straußischen Walzer durch den Stubenboden herauf. Es war gegen Mitternacht, als ich unter den Schluss meines Manuskriptes jenen erlösenden Schnörkel machte. Und da wollt' ich es meiner Frau gleich sagen: Jetzt hab ich wieder was fertig. Aber das Schlafzimmer nebenan, dessen Türe offen stand, war dunkel und still. Ich wollte die Schlummernde nicht wecken, setzte mich ins Speisezimmer hinaus und klimperte piano auf der Zither. Da hör ich, wie eine beklommene Stimme meinen Namen ruft. Ich renne hinüber ins Schlafzimmer. Das Kerzenlicht flackert. Meine Frau sitzt weiß in den weißen Kissen, das Haar ein bisschen verwirrt, einen irrenden Schreck in den großen Augen, und stammelt: »Du! Mir scheint –«

Seit Wochen war alles schon abgeredet. Wir beide, die Köchin Fanny und ich, wir wussten ganz genau, was wir zu tun hatten. Und so sauste ich gleich davon, um die weise Frau zu holen – und wäre natürlich in den Hauspantoffeln davongelaufen, wenn meine Frau nicht aus dem Schlafzimmer herausgerufen hätte: »Goscherl, draußen liegt Schnee, feste Schuhe musst du anziehen.«

Der Weg war nicht weit. Droben im dritten Stock des ersehnten Hauses brannte ein rotes Laternchen. Und von da droben hörte ich die Klingel bis auf die Gasse herunter. So energisch hatte ich am Drahte gerissen. Bis die Kluge mit ihrer sonderbaren Strohtasche herunterkam, erwischte ich einen Fiaker. Er brachte mich und die redselige Dame im schärfsten Trab zu mir nach Hause und ließ sich schicken, um den Schwager und die Schwägerin aus dem Schlaf zu läuten.

Die Kluge ging mir nicht rasch genug über die vier Treppen hinauf. Deshalb verfeindeten wir uns. Aber sie wurde wieder freundlich, als sie gleich an der Wohnungstüre den Duft des schon fertigen Kaffees in ihre weise Seele schnuppern konnte.

Nun diese fürchterlichen, quälenden Stunden! Diese rat- und hilflose Zerknirschung. Und die Leidende, zwischen tapfer verbissenem Stöhnen, sagt noch immer: »Geh, Goscherl, schau, es ist doch gar nicht so arg.« Und als unter dem Stubenboden wieder ein Straußischer Walzer schmeichelt, muss sie lachen: »Schade, dass ich da nicht mittanzen kann!« Aber dann will sie mich nimmer im Zimmer leiden, nicht einmal bei der Türe. Und sagt zur Köchin: »Fannerl, bleiben S' draußen beim Herrn, dass er keine Dummheiten macht!«

Die Köchin sitzt vor meinem Schreibtisch im Lehnstuhl, erzählt allerlei wienerische Lustigkeiten – und ich renne im Zimmer herum wie ein verlorenes Schaf. Selbstgefühl des Mannes? In solchen Stunden wird der ›Herr und Stolz der Schöpfung‹ ein Blödian, etwas Überflüssiges und Unbequemes.

Dann dieser lähmende Schreck, als die weise Frau unter Zitierung des Sprichwortes ›Sicher ist sicher!‹ einen ›Professor‹ haben will! Mit marternden Bildern in der Seele rase ich über die vier Treppen hinunter. Und wie ich zur Haustüre hinauswill, fährt gerade mein Schwager vor. Und frägt: »No, was is denn? Geht's los?« Und l a c h e n kann er. Das gemütsrohe Scheusal! Lachen! Während mir das Wasser herunterkollert über das eiskalte Gesicht. Und lachend sagt er: »No, no, no, sei nur ruhig, ich fahr schon und hol den Professor.« Fast eine Stunde dauert's. Und in dieser Stunde renne ich zwanzigmal die vier Stöcke hinauf und zwanzigmal wieder herunter zur Haustüre.

Schon dämmert der graue, kalte Morgen.

Endlich! »Ach l i e b e r Herr Professor –« Auch der kann lachen. Und sagt gemütlich: »Nur Seelenruhe! Wir kommen nicht zu spät!« Er ist ein bisschen korpulent. Drum schleicht er noch viel langsamer über die Treppe hinauf als die kluge Dame. Auf jedem Treppenabsatz bleibt er stehen, verschnauft behaglich und erzählt meinem Schwager eine nette Anekdote. Und droben im Speisezimmer sieht er meine Gemskrucken und Hirschgeweihe an: »Ooooh! Fein! Haben Sie die alle selber geschossen?« Und in meinem Studierzimmer sagt er: »D a haben Sie aber einen hübschen Ofen!« Und als er endlich, endlich im Schlafzimmer ist, bekundet er noch sein ganz besonderes Wohlgefallen an unserem pompejanischen Waschservice und will sich die Adresse notieren, wo es zu haben ist.

Die Türe wird geschlossen. Ich will verzweifeln, bin dem Irrsinn nahe. Und da erzählt mir die Köchin mit strahlendem Stolz: dass ›w i r‹ den gleichen Herrn Professor haben, der immer die Kaiserin Elisabeth entbunden hat! Ein herzzerreißender Schrei. Dann Stille da drinnen. Und jetzt was Leises, Feines, kaum noch Hörbares – ein Laut, als hätte man an einem Buchsbaumschächtelchen den knirschenden Deckel aufgedreht – – das Weinen meines Kindes.

Für ein paar Sekunden verlor ich die Herrschaft über meine Sinne. Und später erzählte mir die Köchin: Ich hätte schauderhaft gebrüllt und hätte gradauf in die Luft einen Sprung gemacht, viel höher noch als der Tisch.

Dann steh ich in dieser matten Dämmerung, in der ich zuerst nichts sehe – an den zwei verhängten Fenstern sind schmale leuchtende Lichtlinien – da draußen kam die Sonne. Und auf verwüstetem Kissen, mit einer dünnen weißen Decke bis an den Hals, liegt regungslos und erschöpft die junge Mutter, versucht zu lächeln, und ihre Augen glänzen mich an. Ich taumle hin, in meinem Herzen ist etwas so Schweres und Starkes, dass es mich auf die Knie wirft, und immer küsse ich in Dankbarkeit die schlaffe, glühende Hand, bis meine Frau wieder lächeln möchte und müde lispelt: »Aber geh, so schau dich doch ein bisserl um!«

Es reißt mich in die Höhe, es dreht mich. Und da liegt was Rosiges auf weißem Leinen. Und zappelt ein bisschen.

»Ach herrjeh, ein Mäderl!« Und in allem verstörten Glück ist das mein erster Gedanke, mein erstes Wort: »Das Mädel muss heißen wie meine Mutter: Lotte!«

Mir schwimmen die Augen, während ich lache. Und dennoch kann ich sehen. Und sehe mein Kindl, das groß die blauen Augen offen hat. Aber den Vater mag es nicht angucken, hat das goldumringelte Köpflein ein wenig zur Seite gedreht und staunt wie verwundert in den hellen Schimmer am Fenster, in die glänzende Morgensonne. So liegt es vor mir – nicht braun und blau und verknüllt und zerquetscht, wie Kinder ins Leben gleiten – weiß wie ein Wachsfigürchen mit Rosenblättern, mit zierlichen Gliederchen, ohne Fehl und Makel! Nein, ich kann's nicht schildern! Doch wenn ich jetzt sage: dass nie noch ein Kind geboren wurde, so vollkommen und so schön – dann lachen mich die Nüchternen aus, und niemand glaubt es mir. Und dennoch ist es wahr!

Fast dreißig Jahre sind vergangen. Und ich fühl es noch immer, als hätt' ich es heut erlebt, an diesem jüngsten Morgen. Und mein Kindl ist Frau und Mutter. Und ist noch immer mein Kind. Und hat mir Glück und Licht und Freude gegeben.

Meine Arme trugen schon drei Kinder meines Kindes. Und schau ich in das glänzende Lachen dieser jungen Augen, dann ist ein froher, stolzer und schöner Gedanke in mir.

Mag vergilben, versinken, vergessen werden, was ich mit aller Arbeit meines Lebens schuf!

Ich bin unsterblich, weil ich lebe in meinen Kindern und Kindeskindern.

Ludwig Ganghofer: *Lebenslauf eines Optimisten*. Tl. 3: *Buch der Freiheit*. Stuttgart: Adolf Bonz, 1909–11. S. 479–486.

Geburtshelfer

REINHARD GOERING
Jung Schuk

MAXIM GORKI
Wie ein Mensch geboren ward

LEVI HENRIKSEN
Plötzlich im Dezember

REINHARD GOERING

Jung Schuk

Reinhard Göring (1887–1936) beschreibt in seinem autobiographisch geprägten ersten Roman *Jung Schuk* (1913) einen Medizinstudenten, der in die prekäre Lage gerät, unvorbereitet bei einer Geburt helfen zu müssen. Er hat so etwas noch nie gemacht und versucht, sich ins Bewusstsein zu rufen, was nun zu tun sei. Der Schriftsteller Göring führte seit seiner Kindheit ein vielfach belastetes Leben, welchem er als Vertreter des Expressionismus Ausdruck gab. Seine zentralen Themen waren Seelenpein und existentielle Nöte. Doch die Prüfung seines schwermütigen Helden als Geburtshelfer lässt er für Mutter und Kind gut ausgehen.

Ich hörte ein Geräusch, blinzelte in ein Licht: Der Wirt stand angekleidet vor mir, laute Schmerzensschreie kamen über den Gang her und trieben mich auf.

– »Die Frau hat solche Schmerzen, das Kind will kommen, die Schwägerin ist seit einer Stunde fort, den Arzt rufen, und nicht zurück. Wir sind in Angst, vielleicht ist es schon höchste Zeit. Die Schwägerin kann sich verlaufen haben, der Knecht ist nicht zu brauchen, ich will selbst schnell noch einmal zum Arzt.«

Ob ich so lange bei der Frau bleiben wolle? – »Ja.«

Schon war ich notdürftig angezogen. Im Gang wartete der Knecht mit brennender Laterne.

»Heißes Wasser steht in der Küche auf dem Ofen«, raunte mir der Wirt zu. »Fritz, halte dich bereit, und wenn du gebraucht wirst – hier, bitte hier – –«

Damit öffnete er eine Tür und flüsterte, während es von drinnen aufschrie:

»In einer Stunde bin ich da.« – »Ist denn keine Hebamme hier?«

»Schon woanders hingerufen! Hören Sie nur, ach Gott, hören Sie.«

Damit war er weg. Ich trat ein. Zwei Lampen brannten in dem Zimmer. Vor einer Schattenhöhle ein bleiches Gesicht, aus dem zwei große und leere Augen mich anstarrten. Ein Seufzen, der Kopf fiel in die Kissen zurück. Zwei Tische waren bereitgestellt, eine blaue Kanne, Eimer, Leinzeug und Watte war da. Man sah, die Frau hatte selbst noch alles angeordnet. Ich setzte mich auf einen Großvaterstuhl dem Bette gegenüber. Es war einen Augenblick ganz still. Warf einen zufälligen Blick durchs Fenster und sah im Dorfe unten Licht, Sterne oben am Himmel, kühle Sterne. Die Uhr aus Nussbaum mit einem Glasfenster tickte, ein Feuer war angezündet, im Bette alles still. Träume ich? Was geht das hier mich an, wie brutal ist das! Das Lämpchen über dem Stuhl am Sofa blakte, und ich stand auf, um den Docht herabzuschrauben. Da warf die im Bett sich auf, fiel zurück, lag krumm, stöhnte, zuckte, schrie, da war sie wieder hoch. Sie kniete und starrte mich an, aber sie sah mich nicht und sank zurück. Ich war mitten im Zimmer stehen geblieben. Wie es vorüber war, ging ich zur Lampe und schraubte sie nieder. Sie wimmerte in ihren Kissen. Von meinen ersten klinischen Semestern suchte ich mir alle Handgriffe ins Gedächtnis zu rufen, war aber unsicher, wusste nicht mehr genug. Im Notfall – Aber der Arzt würde schon zur rechten

Zeit da sein. Wieder fing es an, sie stöhnte, hob sich, entgeisterte sich über ihren eigenen Schmerz, hatte das Kind vergessen.

»Au, oh, oh, au!«

Sie sah mich an, als sollte ich ihr helfen, und ich sah sie wieder an, so abwesend, dass ich mich schämte. Vorbei. Ich trat nah, sie bemerkte mich mit Erstaunen. Ich lächelte, da wandte sie den Kopf weg. Welch eine Brutalität, sich wohl zu fühlen, während ein anderer vor Schmerz vergeht! Die Uhr hatte geschlagen; die Wehen waren wieder da. Leise ging ich in eine Ecke, setzte mich hin und wartete. Man gewöhnt sich so schnell an die Qual der andern. Vielleicht eine Viertelstunde verging, es änderte sich nichts, eine halbe Stunde war herum. Jetzt ist er beim Arzt, dachte ich, sie nehmen einen Wagen, spätestens in einer halben Stunde –

»Au, oh, Mutter, Mutter, o weh, weh, Hilfe, o weh, weh.« Es wurde warm im Zimmer, ich sah wieder zum Fenster hinaus, der kühle Morgen dämmerte herauf. Und hier wird ein Kind geboren, dachte ich, ist es denn ewig dasselbe? – »Bitte, bitte!« – Ich eilte und beugte mich über sie. – »Wo ist er?« – »Den Arzt holen.« »Es fängt an.« Wie sie mich betrachtete!

»Gleich wird er wieder da sein«, brachte ich hervor, und sie war etwas ruhiger. Ich beobachtete sie: Da, da, sie begann zu pressen. Das dauerte einige Zeit. Sie stöhnte, sah mich starr an, suchte etwas und nichts in meinen Augen. Da, da: Es war soweit. Sie hatte es mir ohne Worte gesagt, obwohl sie mir misstraute. Dann muss es also gehen, sagte ich langsam zu mir und merkte mit Erstaunen, wie ruhig ich blieb. Schon war ich an der Tür:

»Das heiße Wasser, das heiße Wasser!«, rief ich in den Gang. – »Warten Sie vor der Tür.«

Ich wusch mir die Hände, so gut es ging, und legte Tücher und Wasser bereit. Vor allen Dingen Ruhe!

»Jetzt!«, kam es schwach vom Bett der Wöchnerin. Ich ging

hin und deckte sie auf. Die Uhr schlug drei. Um vier war ein Knabe da, dank meiner Hilfe.

Alles ist in Ordnung, ich kann gehen. Heute Abend bin ich wieder in der Stadt und ein für alle Mal entschieden. Nur wundere ich mich, nur wundere ich mich, wenn ich auf die letzten Tage zurücksehe, wie kompliziert alles gewesen ist, wo es doch so einfach war und ich eigentlich nie an mir gezweifelt habe.

Reinhard Goering: *Prosa. Dramen. Verse*. München: Albert Langen / Georg Müller, 1961. S. 109–111.

MAXIM GORKI

Wie ein Mensch geboren ward

In seiner 1912 erschienenen Erzählung *Wie ein Mensch geboren ward* zeigt sich der russische Schriftsteller Maxim Gorki (1868–1936) als leidenschaftlicher Verehrer der Frauen: Eine hochschwangere Frau wird von ihren Weggenossen allein zurückgelassen; der Ich-Erzähler ist zwar kaum seiner Sinne mächtig, aber er ist der Einzige, der ihr hilft – und darf schließlich die Unverwüstlichkeit des Lebens feiern. Er bewundert die Aura von Liebe und Schönheit, die Mutter und Kind umstrahlen. Durch Gorkis literarisches Schaffen kamen neue Aspekte in die russische Literatur. Er beschrieb einfache Menschen, die weder adlig noch wohlhabend waren. Im Jahr 1934 forderte er, dass es an der Zeit sei, die Geschichte der Frau neu zu schreiben. Er empfahl der Wissenschaft, durch Analyse aller Daten zu den weiblichen Lebensumständen die von der bürgerlichen Gesellschaft genährte Lüge von der Minderwertigkeit der Frauen auszuräumen.

I.

Es war in dem Hungerjahre 1892 zwischen Suchum und Otschemtschiry, am Ufer des Flüsschens Kodor, nicht weit vom Meere; über das lustige Rieseln der schimmernden Wellen des

Bergbachs hinweg tönte deutlich das dumpfe Rauschen der Meereswogen herüber.

Es war im Herbst. In dem weißen Gischt des Kodor wirbelten die gelben Blätter des Kirschlorbeerbaums gleich kleinen, munteren Lachsen; ich saß auf den Steinen am Ufer und dachte, dass jedenfalls auch die Möwen und Seeraben die Blätter für die Fische gehalten hatten und nun aus Ärger darüber, dass sie sich geirrt, dort rechts hinter den Bäumen, wo das Meer ans Ufer schlägt, einen solchen Lärm vollführten.

Die Kastanienbäume über meinem Haupte prangen in goldigem Schmuck, zu meinen Füßen liegen in Menge ihre Blätter, die wie abgehauene Menschenhände aussehen. Die Äste der Hagebuche am anderen Ufer sind bereits kahl und hängen in der Luft wie ein zerrissenes Netz, in dem ein gelbroter Bergspecht wie in einem riesigen Käfig auf und nieder hüpft – er klopft mit dem schwarzen Schnabel gegen die Rinde des Stammes und jagt die Insekten heraus, die ihm von den flinken Meisen und den vom fernen Norden zugezogenen Blauspechten weggeschnappt werden.

Links von mir schweben über den Berggipfeln schwere, rauchbraune Wolken; sie drohen mit Regen, und dunkle, bewegliche Schatten fallen von ihnen auf die mit Buchsbaum bewachsenen grünen Felsen. In den hohlen Stämmen der alten Buchen und Linden findet man Honigmet, jenes berauschende, süße Getränk, das hier vor alters her den Soldaten des großen Pompejus so gefährlich ward und eine ganze Legion seiner eisernen Römer schlankweg zu Boden warf. Die Bienen bereiten den Met aus den Blüten des Lorbeers und der Azaleen, und wer vorüberkommt, nimmt ihn einfach aus der Baumhöhlung, streicht ihn auf sein Weißbrot und verspeist ihn mit Behagen.

Auch ich war, während ich auf den Steinen unter den Kastanienbäumen saß, ganz vergnügt dabei, Brotstücke in einen mit

Honigmet gefüllten kleinen Kessel zu tauchen und zu verspeisen. Die ergrimmten Bienen hatten mich tüchtig zerstochen, doch das hinderte mich nicht, das entzückte Auge an dem trägen Strahlenspiel der müden Herbstsonne zu weiden.

Im Herbst erscheint der Kaukasus wie ein reich geschmückter Dom, den irgendwelche große Weise – die zumeist auch große Sünder sind – errichtet haben, um ihre Vergangenheit vor den argwöhnisch spähenden Augen des Gewissens zu verbergen; wie ein unermesslicher Tempel aus Gold, Türkisen und Smaragden erscheint er, an den Felshängen mit kostbaren turkmenischen, in Samarkand und Schemascha gewebten Seidenteppichen behängt und mit herrlichem Gerät ausgestattet, das die Erbauer in aller Welt zusammengeraubt und hierher, vor das Angesicht der Sonne, gebracht haben, um es ihr zu widmen mit den Worten: »Nimm hin, was du selbst geschaffen, von uns, die du gleichfalls schufst!«

Ich sehe, wie sie von den Bergen niedersteigen, die langbärtigen grauen Riesen mit den großen Augen fröhlicher Kinder, wie sie die Erde schmücken, überall freigebig ihre bunten Schätze ausstreuen, die Berggipfel mit dicken Silberschichten belegen und an den Abhängen diese lebendigen Gewebe mannigfachen Baumwuchses hinbreiten, um dieses gesegnete Fleckchen Erde zu einem Wunder an Schönheit zu gestalten.

Welch eine köstliche Aufgabe ist es doch, solch ein Erdenmensch zu sein! Wie viel Schönes und Wunderbares sieht man, welche qualvoll süßen Empfindungen weckt einem die stille, wonnige Betrachtung all des Herrlichen und Erhabenen im Herzen!

Gewiss, es kommen auch schwere Stunden, in denen die Brust von bitterem Groll erfüllt ist, in denen Kummer und Gram voll Gier am Herzen saugen – aber sie gehen vorüber, sie bleiben nicht ewig. Und schließlich sind die guten Menschlein auch nicht immer so, wie sie sein sollen: So viel Mühe sich die Sonne auch mit ihnen gibt, so missraten sie ihr doch zuweilen, zu ihrem eignen Verdruss; und wenn auch eine Anzahl gelungener Exemplare darunter sind, so wäre es doch vielleicht geraten, die ganze Gesellschaft einer gründlichen Reparatur zu unterziehen oder, was noch besser wäre, ganz neu herzustellen ...

... Links von mir bewegen sich über dem Buschwerk dunkle Köpfe: Durch das Rauschen der Meereswogen und das Plätschern des Flusses klingen kaum vernehmlich menschliche Stimmen. Es sind Leute aus den Hungerdistrikten: Man hat sie hierher transportiert, damit sie beim Chausseebau Beschäftigung finden, und eben sind sie von Suchum nach Otschemtschiry unterwegs, wo sie neue Arbeit erwartet.

Ich kenne sie – sie stammen aus dem Gouvernement Orlow. Ich habe mit ihnen zusammengearbeitet und bin gestern zugleich mit ihnen abgelohnt worden, doch bin ich eher aufgebrochen als sie, noch zur Nachtzeit, um den Sonnenaufgang am Meeresufer zu sehen.

Es sind vier Männer und eine Frau, noch jung und hochschwanger, mit stark vorspringenden Backenknochen und graublauen Augen, die wie erschrocken aus den Höhlen starren. Ich sehe über den Büschen ihren von einem gelben Tuche umhüllten Kopf, der gleich einer vom Winde bewegten Sonnenblume hin und her schwankt. In Suchum war ihr Mann gestorben, er hatte sich an Obst übernommen. Ich war mit diesen Leuten in derselben Baracke einquartiert gewesen: Nach gutem russischen Brauch hatten sie über das Unglück, das sie heimgesucht hatte, so viel und so laut gejammert, dass man ihr Klagen sicherlich auf fünf Werst in der Runde gehört hat.

Es waren langweilige Menschen, die ihr trauriges Geschick ganz niedergedrückt hatte. Von ihrem erschöpften, unfruchtbaren Heimatboden losgerissen, waren sie gleichsam wie trockene

Blätter vom Herbstwind hierher verweht worden, in dieses unbekannte Land, dessen Üppigkeit sie in Erstaunen setzte und blendete und ihnen das Drückende ihrer Lage nur noch drückender erscheinen ließ. Ganz verwirrt mit den farblosen, schwermütigen Augen blinzelnd, sahen sie sich gegenseitig lächelnd an und sprachen zueinander:

>»Ei, ei, ist das hier ein Boden! …«
>»So heiß steigt's von ihm auf!«
>»N-ja-a … Das heißt – sehr steinig ist er …«
>»Schwer zu bearbeiten, das muss man sagen …«

Und sie gedachten ihrer heimatlichen Scholle, wo jede Handvoll Erde den Staub ihrer Väter und Vorväter enthielt, wo ihnen alles bekannt und vertraut, alles lieb und wert, alles von ihrem Schweiße durchtränkt war.

Noch eine zweite Frau war bei ihnen – eine hoch und gerade gewachsene Person, flach wie ein Brett, mit Kinnbacken, die an ein Pferd erinnerten, und düsteren, schielenden, ganz schwarzen Augen.

Des Abends pflegte sie mit der anderen Frau, der im gelben Tuche, hinter der Baracke sich auf einen Haufen kleingeklopfter Steine zu setzen und, die Wange auf den Ellbogen stützend, mit hoher, gleichsam zorniger Stimme zu singen:

>»Hinterm Dorf auf grüner Au'
>Breit' ich aus das weiße Linnen,
>Wart' voll Sehnsucht, schau' und schau',
>Ob mein Schatz kommt, mich zu minnen.
>Kommt er dann des Wegs daher,
>Wird so bang und weh uns beiden …«

Die im gelben Tuche saß zumeist schweigend da, mit vorgeneigtem Kopfe, den Blick vor sich hin auf den großen, schwangeren Leib gerichtet; zuweilen jedoch fiel sie ganz unerwartet mit ihrer tiefen, bäurisch klingenden Stimme ein und sang traurig weiter:

»Und das Herz wird uns so schwer,
Denn nun heißt's für immer scheiden ...«

In dem schwarzen, schwülen Dunkel der südlichen Nacht riefen diese klagenden Stimmen die Erinnerung an den Norden mit seinen Schneewüsten, seinen brausenden Stürmen und dem fernen Geheul der unsichtbaren Wölfe wach. Die Schieläugige erkrankte dann später an einem Fieber, und man brachte sie auf einer Segeltuchbahre nach der Stadt; sie zitterte und warf sich darin und stieß langgedehnte Klagetöne aus, als wenn sie ihr melancholisches Lied von der grünen Au hintern Dorfe mit Gewalt weitersingen wollte.

Das gelbe Tuch, das vorhin zwischen den Sträuchern auf und nieder getaucht war, war jetzt verschwunden. Ich hatte mein Frühstück beendet, bedeckte den Honig in dem kleinen Kessel sorgfältig mit Laub, schnürte mein Bündel und schritt, mit dem Weißdornstocke auf den steinigen Fußpfad aufklopfend, gemächlich hinter den andern her.

Jetzt gelangte ich auf den schmalen grauen Streifen der Landstraße. Zur Rechten wogte das tiefblaue Meer; tausend unsichtbare Tischlerhände schienen mit dem Fughobel darüber hinzufahren, weiße Spänchen hüpften leise raschelnd überall auf, und der feuchte, warme, wie der Atem eines gesunden Weibes duftende Wind trieb sie ans Ufer. Eine türkische Feluke gleitet, sich weit nach links überneigend, in der Richtung auf Suchum dahin, und ihre Segel blähen sich auf wie die Backen unseres Wegebauingenieurs, der immer eine so wichtige Miene aufzusetzen pflegte. Er sprach durch die Nase und war bei der geringsten Kleinigkeit immer gleich mit der Polizei bei der Hand; es macht mir ein besonderes Vergnügen, mir vorzustellen, dass die Würmer diesen strengen Herrn längst bis auf die Knochen verzehrt haben, und ich kenne eine ganze Anzahl von Leuten, denen ich das Gleiche wünsche...

Es ist ein ganz besonderer Genuss, so gleichsam in der Luft schwimmend, am Strande dahinzuwandern. Frohe Gedanken und bunte Erinnerungen schweben in stillem Reigen durch den Sinn; sie gleichen den weißen Wogenkämmen dort auf dem Meere: Wie diese eilen sie flüchtig über die Oberfläche, während unter ihnen die gähnende Tiefe ruht, in der lautlos, wie die silbernen Fische auf dem Meeresgrunde, schimmernde Jugendhoffnungen dahingleiten.

Der Weg führt ganz dicht am Meere hin und schlängelt sich stellenweise bis hart an den sandigen Streifen heran, den die Wogen bespülen. Auch die Büsche scheinen nach der Flut hinzudrängen und neigen sich über den Wegstreifen vor, als wollten sie in den blauen Spiegel schauen und der sich vor ihnen öffnenden Weite einen Gruß zunicken.

Ein Windstoß fegt von den Bergen herab – es wird sicher regnen.

II.

... Ein leises Stöhnen ertönt im Gebüsch – das Stöhnen eines Menschen bringt stets in der Seele eine verwandte Saite zum Mitklingen.

Ich zerteile die Zweige – und sehe jene Frau im gelben Kopftuch: Mit dem Rücken an den Stamm eines Nussbaumes gelehnt, sitzt sie am Boden; der Kopf ruht kraftlos auf der Schulter, der Mund ist schmerzlich verzerrt, und die hervorquellenden Augen blicken starr, wie geistesabwesend. Den mächtigen Leib hält sie mit den Armen umfasst, und sie atmet so angstvoll und unnatürlich, dass der ganze Leib krampfhaft zuckt und hüpft, und während sie ihn mit den Armen festhält, entringt sich ein dumpfes Heulen ihrem Munde, in dem die großen, gelben Wolfszähne blinken.

»Was ist dir denn – hat dich jemand geschlagen?«, frage ich, mich über sie vorneigend. Sie zuckt mit den nackten Beinen in dem ascheartigen Sande, und während ihr Kopf kraftlos hin und her wackelt, fährt sie mit krächzender Stimme auf mich los:

»Geh fo-ort! … Schämst du dich nicht? … Geh fo-o-ort! …«

Ich begriff, was da vorging: Ich hatte schon einmal etwas Ähnliches erlebt. Ich wich erschrocken zurück, sie aber stieß ein lautes, langgezogenes Wehklagen aus, und aus ihren Augen, die jeden Augenblick aus den Höhlen zu springen drohten, traten trübe Tränen, die über ihr blutunterlaufenes, zum Platzen aufgequollenes Gesicht liefen.

Das bestimmte mich, wieder auf sie zuzutreten – ich warf mein Bündel, meine Teekanne und meinen Kessel auf die Erde, drückte sie mit dem Rücken auf den Boden nieder und suchte ihre Beine in den Knien zu beugen, aber sie stieß mich zurück, schlug mich mit den Händen ins Gesicht und gegen die Brust, drehte sich um und kroch brummend, ächzend und scheltend auf allen vieren wie eine Bärin, tiefer hinein ins Gebüsch.

»Du Räuber! … Du Satan! …«, schrie sie mich wütend an.

Ihre Arme knickten ein; sie fiel mit dem Gesicht auf die Erde und begann wieder, unter krampfhaften Zuckungen, die Beine starr von sich streckend, zu heulen und zu wimmern.

Ich suchte mir in der Eile alles, was ich über diesen Gegenstand wusste, ins Gedächtnis zu rufen, legte sie, selbst ganz fieberhaft erregt, auf den Rücken und knickte ihre Beine um – schon kam bei ihr die Blase, die die Frucht umgibt, zum Vorschein.

»Lieg still, du wirst gleich gebären! …«, rief ich ihr zu. Ich lief ans Meer, streifte die Ärmel auf, wusch mir die Hände sauber, kehrte zu ihr zurück – und wurde zum Geburtshelfer.

Die Frau wand und krümmte sich in ihren Wehen wie ein Stück Birkenrinde im Feuer, schlug mit den Händen die Erde, fuchtelte um sich herum, riss das herbstfahle, welke Gras aus, suchte es sich in den Mund zu stopfen, streute sich Erde auf das unmenschlich entstellte Gesicht mit den blutunterlaufenen, wild starrenden Augen; die Blase aber war bereits herausgetreten. Der Kopf begann hindurchzukommen, und ich musste auf ihre zuckenden Beine achten, musste dem Kinde helfen und zu verhindern suchen, dass sie sich das Gras in den verzerrten, entsetzlich stöhnenden Mund steckte …

Wir schimpften ein wenig übereinander, sie durch die Zähne, und ich auch nur ganz leise, sie vor Schmerzen und jedenfalls auch aus Schamgefühl, und ich aus Verlegenheit und quälendem Mitleid mit ihr …

»O G-gott!«, schreit sie heiser und beißt sich auf die schaumbedeckten blauen Lippen, während aus ihren Augen, die plötzlich von der Sonne ganz ausgebleicht erscheinen, ununterbrochen die durch die Mutterwehen hervorgepressten Tränen fließen und ihr ganzer, gezweiteilter Körper sich hin und her wirft und windet. – »Geh endlich fort, du Teufel! …« Sie sucht mich mit den schwachen, verrenkten Armen immer noch von sich zu stoßen, während ich ihr gut zurede:

»So sei doch nicht dumm, das Kind kann jeden Augenblick da sein! …«

Sie tut mir ganz schrecklich leid, und es ist mir, als ob ihre Tränen auch meine Augen zum Überfließen brächten. Eine qualvolle Unruhe presst mir das Herz ab, und ich möchte am liebsten laut aufschreien, und ich schreie:

»Nun, so mach doch endlich!«

Und ich halte einen Menschen in den Armen – einen roten Menschen. Ich sehe ihn nur durch den Tränenschleier, kann aber doch erkennen, dass er ganz rot und schon mit der Welt unzufrieden ist, dass er strampelt und protestiert und ganz fürchterlich brüllt, obschon er noch mit dem Leibe der Mutter verbunden ist. Seine Augen sind blau, die Nase in dem roten zerknüllten Gesicht ist ganz lächerlich plattgedrückt, und die Lippen bewegen sich und rufen in langgezogenen Tönen:

»Ja-a ... ja-a ...«

Er ist so schlüpfrig – jeden Augenblick kann er meinen Händen entgleiten, ich knie am Boden, begucke ihn und muss hell auflachen – es macht mir einen Heidenspaß, ihn so anzusehen. Und ich habe ganz und gar vergessen, was ich weiter zu tun habe ...

»Schneid ihn ab«, sagt leise die Mutter. Ihre Augen sind geschlossen, das Gesicht ganz schlaff und erdfahl, wie bei einer Toten, und die blauen Lippen flüstern kaum vernehmlich:

»Nimm das Taschenmesser ... schneid's durch ...«

Mein Messer haben sie mir in der Baracke gestohlen, und so beiße ich die Nabelschnur einfach durch. Der junge Mann lässt seinen Orlower Bass ertönen, die Mutter aber lächelt: Ich sehe, wie wunderbar ihre Augen, die eben noch farblos schienen, in lebendigem blauem Feuer erstrahlen. Ihre dunkle Hand sucht in den Falten des Rockes, sie will die Tasche finden, und ihre blutig gebissenen Lippen flüstern:

»Ich ... bin zu schwach ... In der Tasche ist ein Bändchen ... der Nabel muss abgebunden werden ...«

Ich zog das Bändchen aus ihrer Tasche und nahm die Abbindung vor. Sie lächelte immer heller, immer freudiger – so hell und freudig, dass ich fast geblendet war durch dieses Lächeln.

»Bring dich etwas in Ordnung, ich bade ihn inzwischen ...«, sagte ich.

»Sei nur recht behutsam, hörst du? ...«, sprach sie mit leiser besorgter Stimme.

Doch um diesen rothäutigen kleinen Mann braucht sie durchaus nicht besorgt zu sein: Er hat die Fäustchen geballt und schreit, schreit, als wollte er mich zum Kampfe herausfordern:

»Ja-a ... ja-a ...«

»Gewiss doch, gewiss! Immer bejahe du dein Existenzrecht, alter Freund – die lieben Nächsten werden es bald genug verneinen!«

Ganz besonders laut und unzufrieden schrie er auf, als die erste schäumende Meereswoge, die sich lustig auf uns beide warf, über seinen kleinen Leib hinglitt; ich spülte ihm Rücken und Brust ab, und er schloss die Augen und sträubte sich unter lautem Zetergeschrei, während Welle auf Welle über ihn hinwegging.

»Immer brülle, du Mann von Orlow! Schon' deine Kehle nicht! ...«, ermunterte ich ihn.

Als ich mit ihm zu der Mutter zurückkehrte, lag sie wieder mit geschlossenen Augen, die Lippen fest aufeinanderpressend, da – die Wehen hatten sie von neuem gepackt, die Nachgeburt musste heraus. Doch mitten im Ächzen und Stöhnen hörte ich sie flüstern:

»Gib mir ihn ... gib ihn her! ...«

»Er kann warten!«

»So gib ihn doch! ...«

Und mit den zitternden, unsicheren Händen suchte sie ihre Jacke auf der Brust zu öffnen. Ich half ihr die Brust freimachen, die von der Natur für zwanzig solche Bürschchen bemessen schien, und legte den brüllenden Mann von Orlow an ihren warmen Körper. Er hatte die Situation sofort begriffen und schwieg.

»Du Allerseligste, Allerreinste! ...«, murmelte seufzend und zitternd die Mutter, während sie den auf dem Reisebündel liegenden Kopf von einer Seite auf die andere schob.

Und dann, nach einem leisen Aufschrei, schwieg sie still, um im nächsten Moment die unsagbar schönen Augen wieder aufzutun, diese heiligen blauen Mutteraugen, die mit frohem, dankbarem Lächeln zum ebenso blauen Himmel emporschauen. Nun hebt sie mit Mühe die Hand auf und bekreuzt langsam sich selbst und das Kind:

»Ehre und Dank dir, Allerreinste, Gottesgebärerin ... ach ... Ehre sei dir im Himmel ...«

Ihre Augen sind wieder erloschen und in die Höhlen zurückgesunken, und sie schweigt, kaum atmend, eine ganze Weile. Dann aber sagt sie plötzlich, fast in energischem Tone:

»Knüpf doch mal mein Bündel auf, lieber Junge ...«

Ich tat, was sie mich hieß, und sie ließ ihre Augen eine Weile schwach lächelnd auf mir ruhen. Ein flüchtiges Rot huschte, kaum bemerkbar, über ihre eingefallenen Wangen und die schweißbedeckte Stirn.

»Geh auf die Seite ...«

»Streng dich nur nicht zu sehr an!«

»Nun, geh schon, geh ...«

Ich ging ein paar Schritte weit fort und trat ins Gebüsch. Mein Herz war gleichsam ermüdet, in meiner Brust aber tönte es wie lieblicher Vogelgesang, und der gab mit dem ewigen Rauschen des Meeres einen so köstlichen Zusammenklang, dass ich wohl ein Jahr lang hätte dastehen und lauschen können.

Irgendwo in der Nähe murmelt ein Bach – es klingt wie das Geplauder eines Mädchens, das der Freundin vom Geliebten erzählt ...

Zwischen den Sträuchern sehe ich den Kopf in dem gelben Tuche sich bewegen – sie hat sich schon ganz zurechtgemacht.

»Ei, ei«, ruf ich warnend, »du hast es gar zu eilig!«

Sich mit der Hand am Strauchwerk festhaltend, sitzt sie da wie eine Berauschte: Kein Tropfen Blut ist in dem fahlen Gesicht, in dem man statt der Augen nur zwei tiefe, dunkle Löcher sieht.

»Guck doch ... wie er schläft! ...«, flüstert sie voll Rührung.

Er schlief ganz fest und brav, aber schließlich doch nicht anders, als sonst Kinder zu schlafen pflegen. Das war wenigstens meine Meinung, und wenn ein Unterschied bestand, so lag er einzig in dem Umstand, dass er nicht in einem Bett lag, sondern unter einem Strauche, von einer Art, wie sie in der Gegend von Orlow nicht vorkommt, und auf einem Haufen herbstlich bunter Blätter.

»Leg dich lieber hin, Mutter ...«

»Es geht nicht«, sagte sie, den Kopf auf dem noch schwachen Halse schüttelnd – »ich muss mich auf den Weg machen ... nach diesem – wie heißt es doch? ...«

»Nach Otschemtschiry?«

»Ganz recht. Unsre Leute sind schon so weit voraus ...«

»Ja – kannst du denn überhaupt gehen?«

»Und die Muttergottes? Die wird mir schon helfen!«

Nun – wenn die Muttergottes ihr hilft, hab ich freilich nichts zu sagen.

Sie blickt unter den Strauch nach dem kleinen, mürrisch verzogenen Gesichte, auf das aus ihren Augen die warmen Strahlen zärtlicher Mutterliebe fallen. Dann beleckt sie sich die trockenen Lippen und fährt mit einer langsamen Handbewegung über ihre Brust.

Ich zünde ein Feuer an und baue aus Steinen einen kleinen Herd, auf den ich meine Teekanne stellen kann.

»Wart', Mutter, ich will dir einen Tee kochen ...«

»Wirklich? Ach, tu das doch ... es ist mir so trocken in der Brust ...«

»Warum haben dich deine Landsleute im Stich gelassen?«

»Im Stich gelassen? Wieso denn? Ich bin selbst zurückgeblieben ... Sie hatten sich betrunken – wenn ich nun so mitten unter ihnen niedergekommen wäre? ...«

Sie warf einen Blick auf mich und hielt sich, verschämt lächelnd, den Ellbogen vor die Augen.

»Ist's dein erstes Kind?«, fragte ich.

»Ja, das erste ... Und du – wer bist du denn?«

»Na, so etwas wie ein Mensch ...«

»Ja doch, das seh ich. Bist du verheiratet?«

»Dass ich nicht wüsste.«

»Wirklich nicht?«

»Warum fragst du?«

Sie schlug die Augen nieder und versank in Nachdenken.

»Woher kennst du denn diese Weibergeheimnisse?«

Jetzt musste ich lügen.

»Das hab ich alles gelernt. Hast du schon was von Studenten gehört?«

»Gewiss doch! Der älteste Sohn unseres Popen – der ist 'n Student, will auch Pope werden ...«

»Na, siehst du – solch einer bin auch ich. Doch jetzt muss ich Wasser holen.«

Sie neigte den Kopf nach ihrem Kleinen hin, um zu hören, ob er auch noch atme. Dann blickte sie nach dem Meere hin.

»Waschen möcht' ich mich – aber ich fürchte mich vor dem Wasser ... So salzig ist's, und so bitter ...«

»Kannst es ruhig wagen – es ist sehr gesund, das Wasser ...«

»Wirklich?«

»Ganz gewiss. Es ist wärmer als Bachwasser, die Bäche sind hier eiskalt ...«

»Du musst es wohl wissen ...«

Ein Abchasier ritt auf seinem kleinen, sehnigen Pferdchen an uns vorüber – den Kopf auf die Brust gesenkt, saß er halb schlafend im Sattel. Das Pferd spitzte die Ohren, warf aus seinen großen, schwarzen Augen einen Blick auf uns und ließ ein Schnauben hören. Der Reiter hob den Kopf mit der zottigen Pelzmütze in die Höhe, sah gleichfalls nach uns herüber und ließ den Kopf wieder sinken.

»Wie hässlich doch die Menschen hier sind, und wie gefährlich sie aussehen!«, meinte sie.

Ich ging, um Teewasser zu holen. Über das Gestein hüpfte murmelnd ein quecksilberheller Wasserstrahl herab – ich wusch mir Gesicht und Hände rein und ließ meine Teekanne volllaufen. Als ich zurückging und durch die Büsche schaute, sah ich, wie die Frau auf den Knien daherkroch und sich unruhig umsah.

»Was ist dir?«, rief ich ihr zu.

Sie erschrak, wurde ganz grau im Gesicht und suchte irgendetwas zu verbergen. Ich erriet, was es war.

»Gib her, ich will's vergraben …«

»Wie denn, mein Lieber? Man muss es doch in der Badstube vergraben, unterm Fußboden des Vorzimmers …«

»Das wird noch ein Weilchen dauern, bis man hier eine Badstube baut!«

»Du machst deine Späße – und ich hab solche Angst! Wenn's nun ein wildes Tier auffrisst? Es muss doch der Erde übergeben werden …«

Sie wandte sich ab und reichte mir ein feuchtes, schweres Päckchen. Dann sagte sie leise, verschämt:

»Sieh nur zu, dass du es recht tief eingräbst, um Christi willen bitt' ich dich … Hab Mitleid mit meinem Söhnchen, mach's nur ja nicht verkehrt!«

Als ich zurückkehrte, sah ich sie vom Meere herkommen – sie schwankte und streckte die Arme wie tastend vor; ihr Rock war bis an die Hüften durchnässt, und ihr Gesicht war leicht gerötet, als wäre es von innen her erleuchtet. Ich half ihr bis zum Feuer hin und dachte ganz erstaunt:

»Welche unverwüstliche Kraft steckt doch in diesem Volke!«

Dann tranken wir Tee mit Honigmet, und sie fragte mich leise:

»Du hast wohl mit dem Studieren aufgehört?«

»Ja.«

»Hast dich dem Trunke ergeben?«

»Ganz und gar.«

»Das ist gar nicht recht. Bist mir schon in Suchum in die Augen gefallen, wie du dich mit dem Aufseher wegen des Essens zanktest; ich sagte mir damals gleich: Der muss ein Trinker sein, dass er so gar keine Angst hat…«

Und während sie sich den Honig von den geschwollenen Lippen leckte, schielten ihre blauen Augen immer wieder nach dem Strauche, unter dem der jüngste Mann von Orlow ruhig schlief.

»Wie wird's ihm nur ergehen?«, sagte sie seufzend, mit einem fragenden Blicke auf mich. »Ich dank dir recht schön, dass du mir geholfen hast… aber ob's für ihn gut ist – wer weiß?…«

Sie hatte gegessen und getrunken und bekreuzte sich. Während ich meine sieben Sachen in Ordnung brachte, saß sie schläfrig hin und her wankend da, hatte die Augen, die wieder ganz müde und farblos erschienen, auf die Erde gerichtet und schien irgendetwas zu überlegen. Dann richtete sie sich mühsam empor.

»Du willst wirklich schon gehen?«, fragte ich sie.

»Ja.«

»Ei, sieh dich vor, Mutter!«

»Und die Muttergottes?… Reich mir ihn doch her!«

»Ich werde ihn tragen…«

Es gab einen kurzen Streit zwischen uns – dann gab sie nach, und wir schritten Schulter an Schulter nebeneinander her.

»Wenn ich nur nicht schlapp werde!«, sagte sie mit einem schuldigen Lächeln und legte die Hand auf meine Schulter.

Der neue Einwohner Russlands lag in meinen Armen und schlief ganz fest – welches Schicksal mochte ihm bevorstehen? Das Meer plätscherte und rauschte, weiße Wogenkämme, wie feiner Spitzenschmuck, liefen darüber hin. Aus den Büschen klang es wie Raunen und Flüstern, und die Sonne, die bereits über den Mittag hinaus war, strahlte mild hernieder auf die Erde.

Ganz langsam gingen wir vorwärts. Von Zeit zu Zeit blieb die junge Mutter stehen, seufzte tief auf, richtete den Kopf empor, ließ ihren Blick in die Runde gehen, übers Meer, über den Wald und die Berge, sah dann ihrem Söhnchen ins Gesicht, und ihre Augen, die von den Tränen des Leids ganz ausgebleicht waren, wurden wieder so wunderbar hell, bekamen wieder Farbe und erstrahlten im blauen Glanze unerschöpflicher Liebe.

Einmal, als wir stehenblieben, sagte sie:

»O Gott im Himmel, wie schön ist das doch! Ich könnte so gehen und gehen bis ans Ende der Welt … und er, mein Sohn, würde größer und größer werden … ganz in Freiheit würde er aufwachsen … an der Brust der Mutter, mein lieber Kleiner …«

… Das Meer aber rauschte, rauschte …

Maxim Gorki: *Wie ein Mensch geboren ward. Novellen.* Berlin: Ladyschnikow Verlag, [o. J.]. S. 7–29.

LEVI HENRIKSEN

Plötzlich im Dezember

Der Musiker, Journalist und Autor Levi Henriksen (geboren 1964) gilt als Bob Dylan Norwegens. Seine schrägen Weihnachtsgeschichten haben nahezu Kultstatus. Für ihn bietet sich der Heilige Abend an, von denen zu erzählen, die es schwer haben im Leben, für die Weihnachten eben kein Anlass zum Jauchzen und Frohlocken ist. Er unternimmt den Versuch, die Geschichte von der Geburt eines Flüchtlingskindes neu zu erzählen.

Ich werde sie immer lieben. Das klingt wie ein Lied, ich weiß, aber als wir noch nicht zusammen waren, war ich Dichter. Also habe ich sie bedichtet. Nach unserer Hochzeit gab es nichts mehr, was ich schreiben *musste*, und da gab es auch keinen Grund zum Weitermachen. Ich wollte nicht so einer werden, der nur schreibt, weil er das kann. Das klingt jetzt so, als ob dem Land ein offensichtlicher Kandidat für den Literaturnobelpreis entgangen wäre. Aber ganz so weit war ich natürlich nie. Sagen wir einfach, ich hatte ein gewisses Talent dafür, Zeilen auf eine Weise zusammenzubringen, die anderen Leuten ein nachdenkliches Nicken entlocken konnte. Übrigens, wenn man das ein wenig dichterisch betrachten möchte, hat das, was ich jetzt mache, auch ein bisschen Ähnlichkeit mit Poesie, jedenfalls in dem Sinn, dass einige Wörter den Unterschied zwischen Leben und Tod bedeuten können. Und das wird selten so deutlich wie am Heiligen Abend.

Als ich sechs war, kamen meine Eltern und ich aus Finnland nach Norwegen, und seither wohne ich hier in Skogli, abgesehen von der Zeit meiner Ausbildung. Der Onkel eines Jugendfreundes sagte einmal, Skogli sei ein Ort für scharfe Schüsse und harte Fäuste, und da hatte er möglicherweise recht. Aber ich war schon groß, als ich klein war, und es hat mir nie Probleme gemacht, dass ich meinen Namen mit keinem anderen Mann im Dorf teile.

Ich habe meine Frau kennengelernt, als ich fünfundzwanzig war. Sie war zwei Jahre älter und machte ihren Pflichtdienst im Krankenhaus von Kongsvinger. Wir brauchten lange, um zusammenzukommen. Erst, als ich das Interesse verlor, erwachte ihres, und ab und zu denke ich, wenn unsere Namen nicht gewesen wären, hätten wir nie geheiratet. Meine Frau hat immer Dinge vorgezogen, die anders sind, als sie auf den ersten Blick wirken.

In diesem Jahr war der ganze November so trist, wie das nur dieser Monat sein kann, in dem jeder neue Morgen ebenso einladend vor dir klafft wie ein frisch ausgehobenes Grab. Die Kiefern stehen am Straßenrand Habacht, und die Himmelsränder hängen verschlissen und fast durchsichtig über den Hügelkämmen in Richtung Schweden. Der erste Weihnachtsschmuck an den Bäumen vor den Häusern erinnerte mich an die Zeit, als die Kinder klein waren und schon Ende Oktober ihre Skier auf die Treppe stellten, um Schnee herbeizubeschwören. Ich verspürte etwas von derselben Freude, wie die Kinder sie damals wohl empfunden haben, als ich in der vorigen Woche die Vorhänge öffnete und sah, wie dicke, feuchte Schneeflocken gegen die Fensterscheibe klatschten. Seither schneit es die ganze Zeit, und so, wie das Schneegestöber auf dem Hofplatz wütete, als ich heute Morgen aufstand, war mir klar, dass die Räummannschaften viel zu tun haben würden – und ich deshalb vermutlich ebenso. Das macht nichts. Ein schneeloses Weihnachten ist mir immer schon als schlechtes Omen für das neue Jahr erschienen. Aber eigentlich stimmt das nicht immer. Voriges Jahr hat es zu Weihnachten schließlich heftig geschneit.

Ich habe mich heute freiwillig zum Dienst gemeldet. Mehrere Kollegen haben kleine Kinder, und ich finde es richtig, wenn sie an diesem Tag mit ihren Familien zusammen sein können. Weihnachten ist etwas Besonderes, niemals ist die Nähe der Familie stärker zu spüren. In diesem Jahr werden Liisa und Johan mit ihren jeweiligen Schwiegereltern feiern, wir wären also jedenfalls allein. Deshalb kommt es mir richtig und wichtig vor, dass ich heute Abend die Schicht übernehme.

Es schneit so heftig, dass ich die Scheibenwischer voll aufdrehen muss, als ich in Richtung Stadt fahre, aber der Wetterbericht sagt, dass das Schneegestöber nachlassen und dass das Wetter im Laufe des Abends aufklaren wird. Hoffentlich wird das passieren, ehe der große Aufbruch zu den Familienessen losgeht. Es gibt keinen Tag im Jahr, an dem sich die Leute mehr Stress machen als am Heiligen Abend. Und wenn es heißt, dass die meisten Unfälle im Haushalt passieren, dann ist das niemals so wahr wie gerade dann. Es ist, als ob der Duft von Schweinerippchen, Kümmelkohl und Frikadellen die Denkfähigkeit der Menschen ausschaltet, und der allgemein verbreiteten Ansicht zum Trotz kann man das nur selten auf den Alkohol schieben. Die Kombination von Pantoffeln und Trittleiter, wenn man vor Eintreffen der Gäste noch schnell die Glühbirne in der Lampe über der Haustür auswechseln muss, ist zum Beispiel bei Männern an diesem Tag eine der üblichsten Ursachen für einen Beinbruch. Bei

Frauen kommen gebrochene Arme häufiger vor, meistens Bratenfett auf dem Boden geschuldet. Und ich habe nicht genug Finger, um alle Unfälle aufzuzählen, die bei mir gelandet sind und die mit Weihnachtsmännern zu tun hatten. Vor einigen Jahren kam die Mitteilung, ein Weihnachtsmann hauche soeben in der Krippe vor dem Gebetshaus Eben Ezer in Skogli sein Leben aus. Als wir dort eintrafen, konnten wir rasch feststellen, dass der Weihnachtsmann durchaus nicht im Sterben lag, sondern dass er mit Chloroform betäubt und mit Alkohol übergossen worden war, ehe der Exmann seiner neuen Freundin ihn in der Krippe abgelegt hatte. Als ich zuletzt am Heiligen Abend Dienst hatte, hatte ein Mädchen ihrem Stiefvater mit Sekundenkleber eine Nikolausmaske aufgesetzt, und in einem anderen Jahr mussten wir einen Weihnachtsmann holen, der in den Weihnachtsbaum gestürzt war und sich mit einem Zweig die Eier aufgespießt hatte. Er war bekleidet mit Maske und Unterhose, und auch hier war Alkohol im Spiel. Viel Alkohol.

Nicht jeder Einsatz an diesem Tag ist von der Sorte, dass wir später darüber lachen können. Das Schlimmste, was ich erlebt habe, war ein Jäger, der sich erschossen hatte. Er war auf einen Hügel gestiegen und hatte sich dort mit Ausblick über sein Heimatdorf hingesetzt, und wir konnten ihn schon aus weiter Entfernung sehen. Seine Silhouette zeichnete sich im Mondschein ganz deutlich ab, und es sah aus, als ob er über alles wachte, das er liebte. Er hatte sich mit einem Jagdgewehr erschossen, und weil das so feinkalibrig war, hielt er noch immer den Finger am Abzug und den Lauf ans Kinn, als der Schuss schon längst gefallen war.

Viele fragen, wie es möglich ist, so viele Jahre in einem solchen Beruf auszuharren, und ob mich nicht verfolgt, was ich dabei erlebe. Aber die meisten denken eben nicht daran, dass es bei meiner Arbeit nicht um Tod geht. Es geht um Leben. Immer konzentrieren wir uns darauf, und es klingt vielleicht seltsam, aber nie erlebe ich eine größere Stille als in dem Augenblick, wenn wir an einer Unglücksstätte eintreffen. Das Gefühl, in einem Vakuum zu sein, ehe man sich einen Überblick über die Lage verschafft hat und nur noch Handlung zählt. Dann gibt es Geräusche. Viele Geräusche.

Mein schönstes Erlebnis stammt aus einem der ersten Jahre, in denen ich zu Heiligabend Dienst hatte. Ein alleinerziehender Vater hatte sein zweijähriges Kind in die Badewanne gesetzt, während er das Weihnachtsmahl kochte. Er war zwei Minuten in der Küche, um nach den Rippchen zu sehen, und als er zurückkam, lag der Sohn leblos unter der Wasseroberfläche. Ich bin nie von einer schlimmeren Kakophonie empfangen worden. Der Rauchmelder heulte, ein anderes Kind hatte die Stereoanlage hochgedreht, um das Geheul zu übertönen, und der Vater versuchte, den Jungen ins Leben zurückzuschreien. Das Schwerste in solchen Fällen ist fast immer, die Angehörigen unter Kontrolle zu bringen, damit wir unsere Arbeit tun können. Diesmal hatten wir keine andere Möglichkeit, als zu physischer Gewalt zu greifen, und mein Kollege musste den Vater aus dem Badezimmer zerren. Als der Rettungshubschrauber eintraf, war der Junge bei Bewusstsein, und das fast allmächtige Gefühl, von dem man in solchen Momenten erfüllt wird, wiegt vollständig die vielen Male auf, bei denen man nur dem Menschen, den man zu retten versucht hat, die Augen zudrücken kann.

Zumeist tauchen die guten Erlebnisse auf, wenn ich ein seltenes Mal von solchen Geschehnissen träume. Obwohl, im letzten Jahr hatte ich auch einige Träume von Episoden, die kein gutes Ende genommen haben, aber Albträume hatte ich nie. Es ist eher wie, wie plötzlich in eine dramatische Szene in einem Fernsehfilm hineinzuzappen. Als ich zuletzt aus einem solchen Traum erwacht bin, hatte ich eine Zeile im Kopf: *Der Tod ist ein Wächter.*

Ich habe sie auf eine Zeitschrift geschrieben, die bei mir auf dem Nachttisch lag, aber als morgens der Wecker klingelte, sagte sie mir rein gar nichts. Ich weiß noch immer nicht, ob ich sie irgendwo gelesen hatte oder ob ich von selbst darauf gekommen war. Ich hoffe, dass Letzteres nicht der Fall ist. Wenn ich je wieder Dichter werde, dann soll doch etwas Besseres dabei herauskommen.

Es schneit noch immer so heftig, als ich vor dem Eingang der Notaufnahme in Kongsvinger halte. Ruths Audi steht bereits da, und ich bin noch nicht einmal ausgestiegen, als auch schon Anders und Knut neben meinem Auto parken. Sie gehören zu dem anderen Team, das heute Dienst hat. Im Wachtzimmer gießt gerade Sturle, der Lehrling, Kaffee von der Maschine in eine Kanne. Ruth nimmt den Bericht des Teams entgegen, das wir jetzt ablösen werden.

»Sind hier denn auch brave Kinder?«, frage ich.

»Wenn eine leicht übergewichtige Singlefrau von zweiundvierzig, die seit mehreren Monaten keinen mehr abgekriegt hat, als brav gelten kann, dann ja. Was das brave Kind in dem da angeht, dann ist das vor vielen Jahren mit dem Bade ausgeschüttet worden«, sagt Ruth und nickt zu Sturle hinüber, der sich eine Tasse aus dem Schrank holt.

»Ich sag ja nur, dass dieses Land nicht für so viele Leute geschaffen ist. Wo sollen wir denn mit allen hin?«, fragt Sturle.

»Denk daran, dass auch Jesus fliehen musste. Und ohne Jesus kein Weihnachten«, sage ich.

»Flüchtlinge sind schon in Ordnung, aber ich meine, Migranten ...«, beginnt Sturle, doch ich hebe die Hand, um ihn zum Schweigen zu bringen.

»Leute, können wir vielleicht heute auf diese Diskussion verzichten?«, frage ich.

Ruth und Sturle nicken, ohne einander anzusehen, und ich weiß, wenn wir heute ausrücken müssen, wird Sturle mit Anders und Knut fahren wollen. Das ist völlig in Ordnung. Ruth und ich sind seit acht Jahren ein Team, und ich habe noch nie mit jemandem so gut zusammengearbeitet.

Knut und Anders kommen herein und wir gehen alle drei zum Umziehen in die Garderobe. Beide haben kleine Kinder, und keiner von ihnen hat sich für heute freiwillig zum Dienst gemeldet.

»Geht es Maja besser?«, fragt Ruth, als ich mir den ersten Kaffee dieser Schicht eingieße, nachdem ich zuerst unten in der Ambulanz gewesen bin, um mich davon zu überzeugen, dass alles an Ort und Stelle liegt.

»Ja, zum Glück. Sie hat vorgestern mit einer Penizillinkur angefangen. Ich glaube, die schlägt an.«

»Schön, das zu hören«, sagt Ruth, und dann fangen wir damit an, worum es bei dieser Arbeit vor allem geht: Warten.

Die erste Meldung von der Akutmedizinischen Kommunikationszentrale kommt, als im Fernsehen zum zweiten Mal heute ein exotischer Weihnachtsmann gezeigt wird. Diesmal von einem Strand in Melbourne, Australien. Anders, Knut und Sturle fahren zu einem mutmaßlichen Herzinfarkt. Bei *Drei Nüsse für Aschenbrödel* sind dann Ruth und ich an der Reihe, wir müssen zu einem Beinbruch, und so geht es weiter. Ein stetiger Strom von kleineren Zwischenfällen, die sich ohne Drama lösen lassen.

Als die letzte Episode des diesjährigen Adventskalenders gezeigt wird, hat es endlich aufgehört zu schneien. Wir haben uns mit unseren Weihnachtstellern hingesetzt und ich rechne schon mit einer wirklich ruhigen Schicht, als der Anruf von der AMK kommt. Verkehrsunfall an der Gemeindegrenze zu Grue, aller Wahrscheinlichkeit nach ist jemand von der Straße abgekommen, Schadensumfang unbekannt. Anders und Knut sind zuerst bei ihrem Auto, und ich weiß nicht, wie das passieren konnte, aber sie sind schon weg, ehe Sturle zusteigen kann.

»Fuck, die sind einfach gefahren. Ich will doch zuerst am Unfallort sein«, jammert Sturle, als die Hecklichter des Rettungswagens auf der Brücke verschwinden.

»Fresse halten und einsteigen«, sage ich. »Was du da eben gesagt hast, wirst du garantiert noch bereuen.«

Wie meistens fährt Ruth, und mit ruhigen Bewegungen bugsiert sie uns vorbei an in beiden Richtungen ausweichenden Autos. Wären wir der erste Wagen gewesen, würde es schneller gehen, aber noch ehe wir aus der Stadt heraus sind, fahren wir neunzig. Ich versuche, mich auf das vorzubereiten, was uns vielleicht erwartet. Die Unfallursache kann auf einen Elch hinweisen, aber auch andere Autos können betroffen sein.

Wir sind auf halber Strecke zum Unfallort, als der nächste Anruf von der AMK kommt.

»Ihr müsst kehrtmachen. Beginnende Geburt an der Landesstraße 2 beim Sigernessee.«

»Wir sind nur ein paar Minuten vom Unfall entfernt«, widerspreche ich.

»Es kommt ein Rettungswagen aus Grue und trifft sich dort mit Anders und Knut. Es ist nur ein Fahrzeug betroffen.«

»Eidskog ist näher bei der Geburt«, sagt Ruth.

»Eidskog hat auch einen Verkehrsunfall. Ihr müsst kehrtmachen.«

»Okay«, sage ich. »Sollen wir eine Hebamme aus dem Krankenhaus holen?«

»Die sind beide mitten in einer Entbindung. Ihr müsst das allein schaffen.«

Ruth reißt den Wagen herum und wir jagen zurück zur Stadt. Überholen einige Wagen gleich vor der Eisenbahnbrücke und können einen Zusammenstoß mit einem entgegenkommenden Auto und dessen unaufmerksamem Fahrer gerade noch vermeiden. Ruth flucht, nimmt jedoch nicht den Fuß vom Gas. Und ich denke, dass ich einmal für diese Augenblicke gelebt habe. Für Tempo, Spannung und das fast klinische Gefühl der Konzentration, wenn man über Leben und Tod entscheidet. Aber jetzt? Das hier ist meine Arbeit, und ich konzentriere mich darauf, nicht an alles zu denken, was unerledigt bleibt.

Die Stadt verschwindet im Rückspiegel, und über uns haben die kleinen Wolken Platz für die Sterne gemacht. Es ist ein neuer Mond, und der Schnee auf den Wiesen ist in milchweißes Licht gebadet. Wir haben jetzt den Sigernessee erreicht, und ich rufe die AMK an und frage, ob es neue Entwicklungen gibt.

»Die Geburt hat eingesetzt. Die Wehen kommen dicht hintereinander. Eine andere Verkehrsteilnehmerin hat uns informiert. Sie stehen bei einem Rastplatz«, sagt die Einsatzleitung in dem Moment, in dem wir die Lichter von zwei am Straßenrand haltenden Autos sehen können.

»Okay«, sagt Ruth. »Showtime. Hoffen wir um Gottes willen, dass wir sie in den Rettungswagen schaffen können.«

Ich nicke nur und atme zweimal tief durch. Das hier ist seit über dreißig Jahren mein Beruf, aber egal, wie gut ich eingeübt bin, egal, wie sinnvoll unsere Vorgehensregeln sind, es wird nie zur Gewohnheit. Nichts in diesem Beruf ist schlimmer, als einen Menschen zu verlieren, der noch gar nicht zu leben begonnen hat.

»Sturle, nimm Erste-Hilfe-Tasche und Entbindungskoffer«, befehle ich, als Ruth vor den Autos zum Stehen kommt.

»Auch die Trage?«, fragt er.

»Wir warten ab. Dreh die Heizung weiter auf«, sage ich und bin schon ausgestiegen.

Eine Frau mit einem Mobiltelefon in der Hand kommt uns entgegengelaufen.

»Beeilt euch, das Kind kommt«, ruft sie.

Ich renne zu dem Auto und fluche in Gedanken, als ich sehe,

dass der Mann, der sich in die Tür auf der Beifahrerseite beugt, nicht aus Norwegen stammt.

»Bitte, gehen Sie weg. Alles wird gut«, sage ich und gebe mir Mühe, ruhig zu sprechen.

Der Mann sieht mich nur an, und ich sage dasselbe auf Englisch.

Er schüttelt den Kopf und zeigt auf Ruth.

»Sie muss das machen«, sagt er.

Das Gesicht der Frau ist halb im Schatten, und das Kopftuch ist ihr in die Stirn gerutscht, aber ich sehe, dass sie jung ist, und obwohl alle Türen des Wagens geschlossen sind, kann ich sie schreien hören.

Wir haben keine Zeit für sowas.

»Bitte, gehen Sie weg. Alles wird gut«, sage ich wieder, und diesmal mit lauterer Stimme.

Wieder schüttelt der Mann den Kopf und zeigt auf Ruth.

»Die«, sagt er.

Ruth drängt sich an mir vorbei und fasst den Mann an den Schultern.

»Mister. Wenn Sie Vater werden wollen und nicht Witwer, dann lassen Sie ihn das Kind holen. Er kann das besser als wir anderen alle zusammen.«

Dann schiebt sie den Mann einfach weg, ich öffne die Tür und hoffe, dass er jetzt Ruhe gibt. Die Frau ist noch jünger, als ich gedacht hatte, vielleicht erst achtzehn, und ich kann den Schädel des Kindes zwischen ihren Beinen schon deutlich sehen. Die Geburt ist zu weit gekommen, wir können sie nicht in den Rettungswagen bringen, und ich muss das Kind hier entbinden.

»Das geht gut«, wiederhole ich auf Englisch und lächele.

»Danke«, antwortet sie auf Norwegisch, und dann kommt eine neue Wehe und sie schreit so sehr, dass ich Watte in den Ohren habe.

»Sturle«, rufe ich. »Versuch, so viel du kannst mit Decken abzuschirmen!«

Es ist fast unmöglich, mich zwischen Sitz und Armaturenbrett zu zwängen, aber Ruth kriecht auf die Rückbank, klappt die Rücklehne herunter und kann die Frau ein wenig höher ziehen.

»Push«, rufe ich, »push, push, push!«

Die Frau schreit und presst, aber der Kopf kommt nicht weiter heraus.

»Du musst noch mehr pressen. Push, push, push«, rufe ich wieder, und das ganze Wageninnere füllt sich mit Geräuschen. Ruth, die Sturle zuruft, dass er die Decken dicht vor die Türöffnung hängen soll, Sturle, der den Mann anbrüllt, und die Frau, die zu einem lautlosen Schrei den Kopf in den Nacken legt, während sie ihre ganze Willenskraft darauf konzentriert, dem Kind hinauszuhelfen. Der Kopf presst sich noch ein Stückchen weiter vor, und ich kann meine Hände um den Schädel legen und merkte dabei, dass sich die Nabelschnur um den Hals gewickelt hat. Ich kann die dort drinnen nicht losmachen, und jetzt kommt es auf Sekunden an.

»Pressen!«, rufe ich wieder, aber das Baby will noch immer nicht herauskommen. Ruth zieht die Frau noch etwas weiter nach hinten, und dann kann ich die Schultern des Babys fassen, der Körper löst sich und ich kann ihn in einer langen, gleitenden Bewegung herausholen. Im Lampenlicht kann ich sehen, dass das Gesicht des Kindes einen bläulichen Schimmer hat, meine Handschuhe sind glitschig, und beim ersten Versuch kann ich die Nabelschnur nicht losmachen. Ich wische mir die Hände an der sterilen Unterlage ab, und jetzt kann ich zupacken, aber das Baby atmet noch immer nicht. Ich öffne ihm den Mund und versuche, Schleim und Fruchtwasser zu entfernen. Der Luftzug, der durch die Decken dringt, macht meine Stirn eiskalt. Ich drehe das Kind um und klopfe ihm vorsichtig auf den Rücken, Noch immer kein

Lebenszeichen. Mein Herz hämmert dermaßen, dass ich die Schläge in den Schläfen spüre. Ich massiere das Kind behutsam und klopfe ihm abermals auf den Rücken. Das Schluchzen, das sich aus dem kleinen Leib presst, ist der überirdisch schönste Laut, den ich jemals gehört habe. Ich öffne die Bluse der Frau, schiebe ihren Büstenhalter hoch und lege das Kind auf ihre Haut. Erst jetzt sehe ich, dass es ein Junge ist.

»Decke«, rufe ich, und dann wickele ich Mutter und Kind hinein, schließe die Tür und laufe zusammen mit Sturle los, um die Bahre zu holen. Auf dem anderen Seeufer hängt der Mond riesig und frisch versilbert über den Hügeln, und für einige Herzschläge fühle ich mich glücklich, weil ich noch immer hier im Menschenland zu Hause bin.

Nachdem wir Mutter und Kind im Rettungswagen untergebracht haben, bitte ich Ruth, sich mit Sturle nach hinten zu setzen. Obwohl fast immer ich die Kinder entbunden habe, in der Zeit, in der wir schon zusammenarbeiten, haben wir es zur Gewohnheit werden lassen, dass sie sich danach um die Mütter kümmert. Wenn sie mit einer Frau zu tun haben, fühlen sie sich sicherer.

Der Mann ist nicht mehr aggressiv, aber immer noch außer sich, und ich sage, er soll das Auto lieber stehen lassen. Er widerspricht nicht, als ich erkläre, dass Angehörige nicht hinten im Rettungswagen sitzen dürfen.

»Entschuldigung«, sagt er und hält mir die Hand hin, als ich vom Rastplatz wegfahre.

»Denk da nicht dran«, sage ich, und erst jetzt sehe ich, dass er auch nicht viel mehr ist als ein Kind. Die frischgebackenen Eltern können beide noch keine zwanzig sein.

»Darf ich dich um einen Gefallen bitten?«, fragte er mit singendem Tonfall.

»Natürlich.«

»Ich war ganz sicher, dass ich das Kind und sie verlieren würde. Deshalb möchte ich unseren Sohn nach dir nennen.«

Im ersten Moment weiß ich nicht, was ich sagen soll, dann überrasche ich ihn und mich damit, dass ich lospruste.

»Entschuldige«, sage ich. »Es wäre eine Ehre, wenn dein Sohn nach mir genannt würde, aber ich glaube, ihr solltet das lassen. Ich bin in Finnland geboren und heiße Kari. Aber in Norwegen ist das ein Mädchenname.«

»Atef«, sagt er und streckt mir wieder die Hand hin. »Warst du denn auch Flüchtling?«

»Irgendwie schon«, sage ich.

Es ist noch immer dunkel, als ich zu Hause das Auto in die Garage fahre, und als ich über den Hofplatz gehe, schneit es wieder. Ich schließe vorsichtig die Tür auf, aber Maja wird wach und kommt mir entgegen.

»Geht es besser?«, frage ich und streichele ihren Kopf, streife die dicke Jacke ab und gehe direkt nach oben und ins Schlafzimmer. Hänge Hemd und Hose über den Stuhl und krieche unter die Decke. Ich rufe nach Maja, und sie kommt die Treppe hochgelaufen, zögert aber, als ich neben mir auf das Bett klopfe. Da hat sie noch nie liegen dürfen.

»Das ist schon in Ordnung«, sage ich und streichele ihr Fell, als sie sich neben mir zusammenrollt. Ich schaue zu dem Bild von Iben auf dem Nachttisch hinüber und denke, dass ich den ersten Heiligen Abend ohne sie überstanden habe. Dann fällt mein Blick auf die Zeitschrift, auf die ich vor einigen Nächten diese Zeile gekritzelt habe. Erst jetzt begreife ich, was sie bedeutet.

Levi Henriksen: *Plötzlich im Dezember.* – Mit freundlicher Genehmigung von Levi Henriksen und der Übersetzerin Gabriele Haefs.

Abenteuerliche Umstände

BRÜDER GRIMM
Rapunzel

CHARLOTTE MCCONAGHY
Wo die Wölfe sind

JOHANN WOLFGANG GOETHE
Aus meinem Leben. Dichtung und Wahrheit

BRÜDER GRIMM

Rapunzel

Das Märchen von Rapunzel aus der Feder der Brüder Grimm, 1812 veröffentlicht, hat schon zu vielen philosophischen, psychologischen und medizinischen Deutungen verlockt. Der Heißhunger der werdenden Mutter auf etwas so Wichtiges und während der Schwangerschaft Gesundes wie Feldsalat ist verständlich, ist er doch reich an Eisen und anderen Spurenelementen. Dass ein ungeborenes Kind versprochen wird, taucht als Motiv in vielen überlieferten Sagen und Geschichten auf. Die Darstellung einer Frau mit langem Haar gab es schon in der persischen Mythologie, die Brüder Jacob (1785–1863) und Wilhelm Grimm (1786–1859) könnten es bei dem italienischen Schriftsteller Giambattista Basile (1583–1632) gefunden haben, dessen Märchensammlung *Pentamerone* 1634/36 postum veröffentlicht wurde, in der er zehn Frauen erzählen lässt. Das Grimm'sche Märchen verströmt bis heute eine unverwüstliche Kraft.

Es war einmal ein Mann und eine Frau, die wünschten sich schon lange vergeblich ein Kind, endlich machte sich die Frau Hoffnung, der liebe Gott werde ihren Wunsch erfüllen. Die Leute hatten in ihrem Hinterhaus ein kleines Fenster, daraus konnte man in einen prächtigen Garten sehen, der voll der schönsten Blumen und Kräuter stand; er war aber von einer hohen Mauer umgeben, und niemand wagte, hineinzugehen, weil er einer Zauberin gehörte, die große Macht hatte und von aller Welt gefürchtet ward. Eines Tags stand die Frau an diesem Fenster und sah in den Garten hinab, da erblickte sie ein Beet, das mit den schönsten Rapunzeln bepflanzt war: Und sie sahen so frisch und grün aus, dass sie lüstern ward und das größte Verlangen empfand, von den Rapunzeln zu essen. Das Verlangen nahm jeden Tag zu, und da sie wusste, dass sie keine davon bekommen konnte, so fiel sie ganz ab, sah blass und elend aus. Da erschrak der Mann und fragte: »Was fehlt dir, liebe Frau?« »Ach«, antwortete sie, »wenn ich keine Rapunzeln aus dem Garten hinter unserm Hause zu essen kriege, so sterbe ich.« Der Mann, der sie lieb hatte, dachte: »Eh du deine Frau sterben lässest, holst du ihr von den Rapunzeln, es mag kosten, was es will.« In der Abenddämmerung stieg er also über die Mauer in den Garten der Zauberin, stach in aller Eile eine Hand voll Rapunzeln und brachte sie seiner Frau. Sie machte sich sogleich Salat daraus und aß sie in voller Begierde auf. Sie hatten ihr aber so gut, so gut geschmeckt, dass sie den andern Tag noch dreimal so viel Lust bekam. Sollte sie Ruhe haben, so musste der Mann noch einmal in den Garten steigen. Er machte sich also in der Abenddämmerung wieder hinab, als er aber die Mauer herabgeklettert war, erschrak er gewaltig, denn er sah die Zauberin vor sich stehen. »Wie kannst du es wagen«, sprach sie mit zornigem Blick, »in meinen Garten zu steigen und wie ein Dieb mir meine Rapunzeln zu stehlen? Das soll dir schlecht bekommen.« »Ach«, antwortete er, »lasst Gnade für Recht ergehen, ich habe mich nur aus Not dazu entschlossen: Meine Frau hat eure Rapunzeln aus dem Fenster erblickt, und empfindet ein so großes Gelüsten, dass sie sterben würde, wenn sie nicht davon zu essen bekäme.« Da ließ die Zauberin in ihrem

Zorne nach und sprach zu ihm: »Verhält es sich so, wie du sagst, so will ich dir gestatten, Rapunzeln mitzunehmen, so viel du willst, allein ich mache eine Bedingung: Du musst mir das Kind geben, das deine Frau zur Welt bringen wird. Es soll ihm gut gehen, und ich will für es sorgen wie eine Mutter.« Der Mann sagte in der Angst alles zu, und als die Frau in Wochen kam, so erschien sogleich die Zauberin, gab dem Kinde den Namen *Rapunzel* und nahm es mit sich fort.

Rapunzel ward das schönste Kind unter der Sonne. Als es zwölf Jahre alt war, schloss es die Zauberin in einen Turm, der in einem Walde lag und weder Treppe noch Türe hatte, nur ganz oben war ein kleines Fensterchen. Wenn die Zauberin hineinwollte, so stellte sie sich unten hin und rief:

»Rapunzel, Rapunzel,
lass mir dein Haar herunter.«

Rapunzel hatte lange prächtige Haare, fein wie gesponnen Gold. Wenn sie nun die Stimme der Zauberin vernahm, so band sie ihre Zöpfe los, wickelte sie oben um einen Fensterhaken, und dann fielen die Haare zwanzig Ellen tief herunter, und die Zauberin stieg daran hinauf.

Nach ein paar Jahren trug es sich zu, dass der Sohn des Königs durch den Wald ritt und an dem Turm vorüberkam. Da hörte er einen Gesang, der war so lieblich, dass er stillhielt und horchte. Das war Rapunzel, die in ihrer Einsamkeit sich die Zeit damit vertrieb, ihre süße Stimme erschallen zu lassen. Der Königssohn wollte zu ihr hinaufsteigen und suchte nach einer Türe des Turms, aber es war keine zu finden. Er ritt heim, doch der Gesang hatte ihm so sehr das Herz gerührt, dass er jeden Tag hinaus in den Wald ging und zuhörte. Als er einmal so hinter einem Baum stand, sah er, dass eine Zauberin herankam, und hörte, wie sie hinaufrief:

»Rapunzel, Rapunzel,
lass dein Haar herunter.«

Da ließ Rapunzel die Haarflechten herab, und die Zauberin stieg zu ihr hinauf. »Ist das die Leiter, auf welcher man hinaufkommt, so will ich auch einmal mein Glück versuchen.« Und den folgenden Tag, als es anfing dunkel zu werden, ging er zu dem Turme und rief:

»Rapunzel, Rapunzel,
lass dein Haar herunter.«

Alsbald fielen die Haare herab, und der Königssohn stieg hinauf.
    Anfangs erschrak Rapunzel gewaltig, als ein Mann zu ihr hereinkam, wie ihre Augen noch nie einen erblickt hatten, doch der Königssohn fing an, ganz freundlich mit ihr zu reden, und erzählte ihr, dass von ihrem Gesang sein Herz so sehr sei bewegt worden, dass es ihm keine Ruhe gelassen und er sie selbst habe sehen müssen. Da verlor Rapunzel ihre Angst, und als er sie fragte, ob sie ihn zum Manne nehmen wollte, und sie sah, dass er jung und schön war, so dachte sie: »Der wird mich lieber haben als die alte Frau Gothel«, und sagte ja und legte ihre Hand in seine Hand. Sie sprach: »Ich will gerne mit dir gehen, aber ich weiß nicht, wie ich herabkommen kann. Wenn du kommst, so bring jedes Mal einen Strang Seide mit, daraus will ich eine Leiter flechten, und wenn die fertig ist, so steige ich herunter, und du nimmst mich auf dein Pferd.« Sie verabredeten, dass er bis dahin alle Abend zu ihr kommen sollte, denn bei Tag kam die Alte. Die Zauberin merkte auch nichts davon, bis einmal Rapunzel anfing und zu ihr sagte: »Sag sie mir doch, Frau Gothel, wie kommt es nur, sie wird mir viel schwerer heraufzuziehen als der junge Königssohn, der ist in einem Augenblick bei mir.« »Ach du gottloses

Kind«, rief die Zauberin, »was muss ich von dir hören, ich dachte, ich hätte dich von aller Welt geschieden, und du hast mich doch betrogen!« In ihrem Zorne packte sie die schönen Haare der Rapunzel, schlug sie ein paar Mal um ihre linke Hand, griff eine Schere mit der rechten, und ritsch, ratsch, waren sie abgeschnitten, und die schönen Flechten lagen auf der Erde. Und sie war so unbarmherzig, dass sie die arme Rapunzel in eine Wüstenei brachte, wo sie in großem Jammer und Elend leben musste.

Denselben Tag aber, wo sie Rapunzel verstoßen hatte, machte abends die Zauberin die abgeschnittenen Flechten oben am Fensterhaken fest, und als der Königssohn kam und rief:

»Rapunzel, Rapunzel,
lass dein Haar herunter«,

so ließ sie die Haare hinab. Der Königssohn stieg hinauf, aber er fand oben nicht seine liebste Rapunzel, sondern die Zauberin, die ihn mit bösen und giftigen Blicken ansah. »Aha«, rief sie höhnisch, »du willst die Frau Liebste holen, aber der schöne Vogel sitzt nicht mehr im Nest und singt nicht mehr, die Katze hat ihn geholt und wird dir auch noch die Augen auskratzen. Für dich ist Rapunzel verloren, du wirst sie nie wieder erblicken.« Der Königssohn geriet außer sich vor Schmerz, und in der Verzweiflung sprang er den Turm herab: Das Leben brachte er davon, aber die Dornen, in die er fiel, zerstachen ihm die Augen. Da irrte er blind im Walde umher, aß nichts als Wurzeln und Beeren und tat nichts als jammern und weinen über den Verlust seiner liebsten Frau. So wanderte er einige Jahre im Elend umher und geriet endlich in die Wüstenei, wo Rapunzel mit den Zwillingen, die sie geboren hatte, einem Knaben und Mädchen, kümmerlich lebte. Er vernahm eine Stimme, und sie däuchte ihn so bekannt: Da ging er darauf zu, und wie er herankam, erkannte ihn Rapunzel und fiel ihm um den Hals und weinte. Zwei von ihren Tränen aber benetzten seine Augen, da wurden sie wieder klar, und er konnte damit sehen wie sonst. Er führte sie in sein Reich, wo er mit Freude empfangen ward, und sie lebten noch lange glücklich und vergnügt.

Brüder Grimm: *Die schönsten Märchen.* Stuttgart: Reclam, 2021. S. 50–54.

CHARLOTTE MCCONAGHY
Wo die Wölfe sind

Charlotte McConaghy (geb. 1988) ist eine Meisterin des Naturromans. In ihrem 2023 erschienenen Roman *Wo die Wölfe sind* beschreibt sie eine Frau, die mit großer Leidenschaft und Furchtlosigkeit um die Wiederansiedelung von Wölfen in den schottischen Highlands kämpft, weil sie begriffen hat, dass Wölfe von großer Bedeutung für den Klimaschutz und die Wiederaufforstung der Wälder sind. Ihre Hauptfigur namens Inti hat eine spezifische Störung: Sie spürt, wenn andere Wesen leiden. Nur auf ihren eigenen Körper hört sie zu wenig, und so passiert es, dass mitten in der Einöde, als sie ganz allein unterwegs ist, die Wehen einsetzen und ihr Kind zur Welt kommen will. Die Geburt in freier Wildbahn entwickelt sich zum atemberaubenden Showdown in dem Roman. Eine Variation auf das uralte Thema, dass Mütter, um ihre Kinder zu retten, zu übermenschlichen Leistungen fähig sind.

Nicht jetzt, Little One, sage ich zu ihr. *Halt noch ein bisschen durch.*

Aber die Krämpfe lassen nicht nach, sie werden heftiger und häufiger, bis ich mir schließlich nichts mehr vormachen kann, es passiert tatsächlich. Die einzige Frage ist, ob ich es rechtzeitig nach Hause schaffe. Hieß es nicht immer, dass es Stunden dauert? Manchmal sogar Tage?

Der Heimweg ist kürzer als der Hinweg. Wir haben uns kreisförmig angenähert, und jetzt kann ich direkt durch den Abernethy Forest abkürzen, zu meinem Haus und dann weiter in den Ort, in das Krankenhaus, wo Duncan liegt. Es ist die letzte Etappe, aber sie ist trotzdem lang. Der Wald erstreckt sich weit, dennoch bin ich unendlich dankbar, als ich seinen Schutz erreiche.

Die Bäume flüstern.

Halt durch.

Nur noch ein kleines Stück.

Der Druck wird zu viel, ich muss vom Pferd steigen. Mich bewegen. Keuchend und fluchend laufe ich im Kreis. Es ist verwirrend und unangenehm, so unangenehm, dass ich mir nicht vorstellen kann, wie mein Körper dieses Gefühl aushalten soll, aber er hält es aus, und ich kann keinen vernünftigen Gedanken mehr fassen, schließe einen Pakt nach dem anderen mit dem Himmel und mit den Wurzeln, kann mir beim besten Willen nicht vorstellen, was ich machen, wie ich dafür sorgen soll, dass es aufhört, aber aufhören muss es unbedingt.

Ich merke, dass Gall nervös wird, aber darüber kann ich mir jetzt einfach keine Gedanken machen. Bis mir ein langes, tiefes Stöhnen entfährt, das Stöhnen einer Kuh, und bei diesem Geräusch fährt die Stute erschrocken auf, und weg ist sie, trabt davon und lässt mich hier zurück – und ganz sicher muss ich mir darüber jetzt doch Gedanken machen.

So gehe ich eben zu Fuß weiter. Zwischen den Wehen, so weit, wie ich komme, bis die nächste über mich hereinbricht. Meine Haut fühlt sich wund an, sogar die Kleider schmerzen, ich würde alles darum geben, sie von mir zu werfen, bin aber noch genügend bei mir, um zu wissen, wie dumm das wäre. Ich muss endlich anfangen, an dieses Baby zu denken. Die ganze Zeit war ich so stur. Ich bin feige. Ich habe mein Kind in Gefahr gebracht, weil ich solche Angst davor hatte, wie sehr ich es lieben, wie sehr ich mich von ihm verschlingen lassen könnte, und ich konnte doch nicht zulassen, mich so grauenvoll verletzlich zu machen; stattdessen habe ich mein Kind verletzlich gemacht, und das ist unverzeihlich.

Während ich durch den Schnee stapfe, spreche ich mit ihr. Ich sage all das, was ich ihr in den vergangenen acht Monaten hätte sagen sollen, wenn ich nur den Mut dazu gehabt hätte. Ich beschwöre sie, am Leben zu bleiben, und finde das gleich wieder absurd, denn es ist ja ihr Lebenswille, der meinen Körper alle paar Minuten packt, ihre Kraft, trotz all meiner Versuche, sie nicht zu beachten. Und als ich schließlich auf alle viere in den Schnee sinke, ist mir klar, dass ich so ruhig bleiben muss, wie ich kann, nach einer Kraft suchen muss, die ihrer würdig ist.

Ich weiß nicht, wie viel Zeit vergangen ist, bis ich dann doch die Hose ausziehen muss. Ich will nicht pressen, ich weiß nicht, wie das gehen soll, und doch kann ich es nicht vermeiden, ich muss. Nie im Leben hatte ich mehr Angst. Nie war ich ruhiger.

Ich ziehe Stiefel, Hose und Unterhose aus; die Socken lasse ich an und mache mir mit meinem Mantel ein Lager auf dem Boden. Über mir und ringsherum sind Bäume. Sie rauschen. Hier bin ich zu Hause, und ich bin so froh. Es ist doch richtig, dass ich hier bin. Es war immer klar, dass es hier passieren wird.

Der Schmerz übernimmt das Kommando, er schwillt in mir an und entlädt sich in gewaltigem Gebrüll, das die Vögel aus den Zweigen schreckt. Sie kämpft sich durch mich hindurch, und alles zieht sich so fest zusammen, dass ich das Atmen vergesse, Flecken tanzen vor meinen Augen, und ich denke mir, der menschliche Körper ist doch ein Fehler der Evolution, nicht dafür gemacht, so etwas auszuhalten, wir haben die falsche Form, die falschen Fähigkeiten, und doch stehen täglich zahllose Frauen das durch und überleben es, und das werde ich auch, ich werde es durchstehen und es überleben, denn anschließend muss ich das Baby in Sicherheit bringen.

Mit den Fingern taste ich nach ihrem Kopf, da ist auf jeden Fall etwas Hartes, Feuchtes, aber wie soll ich wissen, ob das ihr Schädel ist, ich kann nur hoffen. Ich rutsche immer noch herum, schaffe es nicht, die richtige Haltung zu finden, auf dem Rücken ist es entsetzlich, aber auf allen vieren kann ich sie nicht auffangen, und so stelle ich mich schließlich hin und lehne die Stirn an einen Baum. Er hält mich aufrecht, und ich gehe in die Knie und strecke die Arme nach unten, um sie in Empfang zu nehmen. In mir ist eine Gewissheit, wie ich sie nie gekannt habe. Das hier ist mein Schmerz. Keine Täuschung, kein gestohlenes Gefühl; er gehört niemandem sonst, nur mir. Das hier ist mein Körper, mein Kind. Ich spüre sie, und sie gehört mir allein, und diese Wahrheit verleiht mir in diesem Augenblick solche Kraft, dass ich schließlich doch mit aller Macht presse. Ihr Kopf und ihre Schultern bahnen sich den Weg nach draußen, dann rutscht sie ganz hinterher, ich erwische sie am Bein und hebe sie hoch in meine Arme. Sie ist rotblau und ganz bedeckt von einer blutig weißlichen Schmiere, und ich bringe die Lippen an ihr Gesicht und sauge ihr die Atemwege frei. Tief holt sie Luft, atmet in meine Lunge, diese Lunge, die wir teilen, und ich habe mein Syndrom immer als Täuschung betrachtet, als Fluch, als Bürde, die ich zu tragen habe, aber in diesem Augenblick ist sie ein echtes Geschenk. Mein Kind schlägt die Augen auf.

Und sieht mich an.

Und ich bin zugleich halbiert und verdoppelt.

Ich sinke hinunter auf mein improvisiertes Bett und lege sie mir an die Brust, an meine Haut, führe ihr den Mund, damit sie trinken kann. Sie tut es gleich, ohne großen Widerstand. Am Rande registriere ich, wie die Plazenta aus mir herausgleitet, aber ich bin viel zu sehr mit diesem Gesichtchen beschäftigt, um das groß zur Kenntnis zu nehmen. Wie klein sie ist. Ob sie wohl etwas aus meiner unvorbereiteten Brust herausbekommt? Ich beiße die Nabelschnur durch, dann wickele ich Little One in mein dickes Thermounterhemd. Ich ertrage es kaum, sie abzulegen, sie auch nur eine Sekunde loszulassen, aber ich muss mich wieder anziehen, sonst erfriere ich. Und so lege ich sie hin, streife ungelenk meine Sachen über und drücke sie dann unter dem warmen Mantel wieder an die Brust. Ich habe überhaupt keine Kraft mehr, meine Beine sind vor Schwäche wie gelähmt. Ich blute ziemlich stark, das macht mir Angst, aber zum Ausruhen bleibt keine Zeit, ich muss sie irgendwie ins Warme bringen, irgendwohin, wo man sich um sie kümmern kann. Und so kratze ich das letzte bisschen Kraft zusammen, rappele mich auf und gehe los.

Es schläft in meinen Armen, dieses kleine Wesen. Jede von uns beruhigt der Geruch der anderen. Ich gebe ihr alle Wärme, die ich habe. Und ziehe eine rote Spur hinter mir her.

Irgendwann wird mir klar, dass ich die ganze Zeit einem Menschen vor mir folge, meine Schrittgeschwindigkeit der seinen anpasse.
»Dad«, rufe ich, und er bleibt stehen. Dreht sich um.
»Meine Mädchen«, sagt er, so voller Liebe.
»Wo bist du gewesen?«, frage ich.
»Im Wald.«
Ich schlucke das, was so in mir schmerzt. »Hat er auf dich aufgepasst?«
Dad lächelt. »Aber ja.«
Ich schließe die Augen.

»Wie schön sie ist.« Er steht jetzt neben mir. »Weitergehen, Schatz.«

»Ich bin so müde.«

»Ich weiß. Aber ich zeige dir den Weg.«

Und ich folge meinem Vater durch die Bäume, bis er schließlich ganz vom Schneetreiben verschluckt wird.

Charlotte McConaghy: *Wo die Wölfe sind.* Roman.
Aus dem Engl. von Tanja Handels. Frankfurt a. M.: S. Fischer, 2022.
S. 398-403. - © 2022 S. Fischer, Frankfurt a. M.

JOHANN WOLFGANG GOETHE

Aus meinem Leben. Dichtung und Wahrheit

Die Beschäftigung mit dem eigenen Leben muss für den deutschen Dichterfürsten Johann Wolfang Goethe (1749-1832) vorrangige Bedeutung gehabt haben. Für seine zwischen 1808 und 1831 entstandene Autobiographie *Aus meinem Leben. Dichtung und Wahrheit* hat er sich bei seinen Familienangehörigen nach den Umständen und Bedingungen seiner eigenen Geburt erkundigt, um auch diese angemessen festhalten zu können. Dass dabei sogar die Ausbildung von Hebammen eine Rolle spielt, ist ein bemerkenswertes Detail in seinem Bericht.

Am 28. August 1749, mittags mit dem Glockenschlage zwölf, kam ich in Frankfurt am Main auf die Welt. Die Konstellation war glücklich; die Sonne stand im Zeichen der Jungfrau und kulminierte für den Tag; Jupiter und Venus blickten sie freundlich an, Merkur nicht widerwärtig; Saturn und Mars verhielten sich gleichgültig: Nur der Mond, der soeben voll ward, übte die Kraft seines Gegenscheins umso mehr, als zugleich seine Planetenstunde eingetreten war. Er widersetzte sich daher meiner Geburt, die nicht eher erfolgen konnte, als bis diese Stunde vorübergegangen.

Diese guten Aspekte, welche mir die Astrologen in der Folgezeit sehr hoch anzurechnen wussten, mögen wohl Ursache an meiner Erhaltung gewesen sein: Denn durch Ungeschicklichkeit der Hebamme kam ich für tot auf die Welt, und nur durch vielfache Bemühungen brachte man es dahin, dass ich das Licht erblickte. Dieser Umstand, welcher die Meinigen in große Not versetzt hatte, gereichte jedoch meinen Mitbürgern zum Vorteil, indem mein Großvater, der Schultheiß Johann Wolfgang Textor, daher Anlass nahm, dass ein Geburtshelfer angestellt und der Hebammenunterricht eingeführt oder erneuert wurde; welches denn manchem der Nachgebornen mag zugutegekommen sein.

Goethes Werke. Hamburger Ausg. in 14 Bd. Textkritisch durchges. und mit Anm. versehen von Erich Trunz. Hamburg: Christian Wegener, 1948 ff. S. 10.

Sternenkinder

EILÍS NÍ DHUIBHNE
Hebamme für die Feen

KARINA SAINZ BORGO
Das dritte Land

MELISSA DA COSTA
Apfeltage

PAUL GERHARDT
An die Eltern bei dem Grabe ihres Kindes

LILY BRAUN
Memoiren einer Sozialistin

KÄTHE KRUSE
Ich und meine Puppen

EILÍS NÍ DHUIBHNE

Hebamme für die Feen

Eilís Ní Dhuibhne (geb. 1954) gilt als eine der wichtigsten irischen Autorinnen unserer Zeit. Sie schreibt in irischer und englischer Sprache und hat etliche Literaturpreise bekommen für ihre Romane, Erzählungen, Kinderbücher und Essays. 1982 promovierte sie im Fach Volkskunde. In ihrer Kurzgeschichte *Hebamme für die Feen* kombiniert sie verschiedene Erzählformen: Die moderne Rahmenerzählung wird immer wieder durch Einschübe in Märchenform unterbrochen. Inhaltlich geht es um einen der dunkelsten Punkte in modernen, wohlhabenden Gesellschaften: Kinder, die unerwünscht sind und darum durch das Raster der Aufmerksamkeit fallen, selbst in ihrem eigenen Umfeld.

Wir sahen uns die ganz späte Talkshow an. Viel hatte die an diesem Abend nicht zu bieten: einen Typen aus Rußland, einen Filmstar oder Schauspieler oder so – ich hatte nie von ihm gehört – und eine Tussi aus den USA, die ein Hotel für Prostituierte oder einen Besuchsservice oder sowas eingerichtet hatte. Himmel, wozu der Moderator so eine einlädt, weiß ich wirklich nicht. Total aufgebrezelt natürlich, wie ein Model oder eine Fernsehansagerin oder so. Und sie verdiente sich eine goldene Nase, schrieb ein Buch über ihre Erfahrungen, du meine Güte. Ist doch zum Brüllen!

Freitags gefällt mir die Show nie so recht. Samstags ist sie immer viel besser. Wenn ich den ganzen Tag gearbeitet und dann noch für Joe und mich Essen auf den Tisch gestellt habe, dann habe ich mich gerade erst hingesetzt, wenn es losgeht. Eine tolle Entspannung ist das nicht. Ich weiß nicht, freitags bin ich einfach fertig, weil es dann im Krankenhaus so hektisch zugeht, und bei den Stelleneinsparungen schuften wir wirklich den ganzen Tag! Samstags gibt es natürlich auch jede Menge zu tun – wir fahren nach Bray und kaufen ein, und dann müssen wir ja auch staubsaugen und waschen. Aber das ist nicht dasselbe, ich bin doch ein wenig gelassener, und das liegt sicher daran, daß ich eben nicht zur Arbeit muß. Nicht, daß ich etwas ändern würde oder so. Das nicht. Sechzehn Jahre als Hausfrau waren für mich mehr als genug. Das soll aber nicht heißen, daß mir das damals etwas ausgemacht hätte. Ich bin nicht durchgedreht, wie manche andere das tun – oder vorgeben. Ich glaube auch nicht an prämenstruelle Spannung und postnatale Depression und diesen ganzen Quatsch. Natürlich brauche ich nicht zu erzählen, daß ich bei der Arbeit oft genug auf solche Probleme stoße, oder darauf gestoßen bin, um korrekt zu sein. Jetzt, wo die Wochenstation verlegt worden ist, ist das natürlich anders. Alles hat eben auch seine guten Seiten. Und den Männern muß ich zugute halten, daß bei denen keine Rede von Depressionen ist. Natürlich glauben sie alle, daß sie im Sterben liegen, ach, sie sterben, an entzündeten Zehen und Erkältungen und allem, aber sie sind doch leichter im Umgang als die Postnatalen. Wirklich!

Egal, wir sahen also die Show, und ich kochte in der Küche gerade einen Tee, das machen wir gern freitags so gegen zehn. Meistens warte ich bis kurz vor dem Schlafengehen damit, aber freitags bringe ich meistens irgendeinen Leckerbissen mit, aus dem Hot Bread Shop an der Ecke Corbawn Lane, in dem neuen Einkaufszentrum. Etwas Besonderes, dänisches Blätterteiggebäck oder Doughnuts, eine nette Kleinigkeit. So ein bißchen als Abwechslung. An diesem Abend hatte ich ein paar Napoleons – Sie wissen schon, Cremeschnitten mit Zuckerguß.

Ich hatte gerade den Wasserkocher ausgeschaltet, als es klingelte. Natürlich ging Joe hin, und ich konnte ihn reden hören, und ich hätte ja gern gewußt, wer das um diese Zeit noch sein konnte. Wir hören soviel über Einbrecher und Leute, die in ihrem eigenen Haus ermordet werden ... vor nicht ganz sechs Monaten ist in Dalkey eine Frau aufs Brutalste erstochen worden, Gott sei ihr gnädig! Ich mache mir wirklich Sorgen. Natürlich. Obwohl ich immer die Sicherheitskette vorgelegt habe, das ist wichtig. Solange die Kette vorliegt, kann nichts passieren. Aber egal, ich konnte sie reden hören und blieb in der Küche. Und nach einigen Minuten hörte ich, wie Joe die Kette wegnahm und jemanden ins Haus ließ. Dann kam er zu mir in die Küche und sagte:

»Da ist Besuch für dich, Mary. Es ist offenbar wichtig.«

»Was will er denn? Ich bin nicht im Dienst, klar?«

Ich ärgerte mich, wirklich. Dauernd wird man ausgenutzt. Man sollte meinen, es gäbe keine Ärzte mehr, ich arbeite als Schwesternhelferin, von neun bis fünf, montags bis freitags, manchmal habe ich auch Nachtschicht. Aber meinen Sie, die Nachbarn könnten sich das merken? Nichts da.

»Ich glaube, du solltest selber mit ihm sprechen, Mary. Er sagt, es sei wichtig. Er wartet in der Diele.«

Ich wußte natürlich Bescheid. Ich wußte es, noch ehe ich ihn gesehen oder mit ihm gesprochen hatte. Ich nahm meine Schürze ab und fuhr mir mit dem Kamm durch die Haare. Ich war schon entschlossen, mit ihm in die Kälte und die Dunkelheit hinauszugehen und den Rest der Talkshow zu verpassen. Aber das behielt ich natürlich noch für mich.

In dieser Gegend lebte eine Hebamme, und sie wurde zu allen Tages- und Nachtzeiten gerufen. Dann wurde eines Nachts an ihre Tür geklopft. Die Frau machte sich sofort bereit. Vor der Tür stand ein Mann mit einer Stute.

Es war ein junger Mann mit schwarzen Haaren, er konnte kaum älter als achtzehn oder neunzehn sein.
»Also«, fragte ich, »worum geht es?«
»Um meine Frau«, sagte er, irgendwie verlegen. Er hatte Joe schon alles erzählt, ich weiß also wirklich nicht, wieso er da noch verlegen war. An so etwas gewöhnt man sich doch. Aber jedenfalls, er war verlegen oder tat zumindest so.
»Sie bekommt ein Kind. Sie sagt, es hat angefangen.«
»Und wer bist du?«
»Ich bin ihr Mann.«
»Ich verstehe«, sagte ich. Was auch der Fall war. Ich bin schließlich nicht von gestern. Und bei allem, was hier in der Gegend los ist, hätte ich fast schon schwachsinnig sein müssen, um gerade das nicht sofort zu durchschauen. Aber ich wollte mir nicht zu sicher sein. Für alle Fälle. In diesem Leben gibt es nun mal kaum eine Sicherheit. »Und warum«, fragte ich ihn also, »warum ist sie nicht im Krankenhaus, wo sie hingehört?«
»Dazu ist keine Zeit mehr«, sagte er rotzfrech. »Verstehen Sie, was ich damit meine, daß ich mich auskenne?«
»Na«, sagte ich, »daß Wochenstationen stillgelegt werden, hält sie nicht davon ab, Kinder zu bekommen.« Ich lachte, ich wollte ja keinen unfreundlichen Eindruck machen. Aber er fand das überhaupt nicht komisch. Also fragte ich: »Und wo wohnst du mit deiner Frau?«
»Kurz vor Annamoe«, sagte er. »Und wenn Sie mitkommen wollen, sollten wir uns jetzt auf den Weg machen. Es hat schon angefangen, das hat sie doch gesagt.«

»Ich komme«, sagte ich. Was hätte ich sonst sagen sollen? Eine solche Bitte kann man einfach nicht abschlagen. Früher hat meine Mutter den Leuten geholfen und vor ihr meine Großmutter, und sie haben niemanden je abgewiesen. Und meine Mutter sagt, daß ihre Mutter nie ein Kind verloren hat. Kein einziges. Ihre gesammelten guten Taten, so nennt sie das. Man wird nachsichtig. Und der Mann tat mir ja auch leid, er war noch sehr jung und sah auch sympathisch aus, wie ein Junge vom Lande.

Aber natürlich war ich zu nichts verpflichtet, zu gar nichts, und deshalb sagte ich: »Nicht, daß ich mitkommen müßte. Ich bin jetzt nicht im Dienst, mußt du wissen, und was ihr braucht, ist sowieso ein Arzt.«

»Wir möchten aber lieber Sie«, sagte er.

»Na gut, ausnahmsweise.«

»Also, gehen wir.«

»Noch einen Moment, ich lasse mir von Joe die Wagenschlüssel geben.«

»Aber ich bringe Sie nachher wieder zurück, Sie brauchen Ihr Auto nicht.«

»Vielen Dank«, sagte ich. »Ich nehme trotzdem lieber meinen Wagen, wenn dir das nichts ausmacht. Ich fahre hinter dir her. Man kann nicht vorsichtig genug sein.«

Also ging ich nach draußen und wollte den Wagen anlassen. Aber der Motor sprang nicht an. Fragen Sie mich nicht, warum, der Wagen ist fast neu. Wir haben ihn im vorigen Winter von Mike Byrne gekauft, meinem Vetter, dem die Garage bei Greystones gehört. Er hat weniger als dreißigtausend Meilen auf dem Kasten und war vier Wochen vor Weihnachten noch in der Werkstatt. Sicher lag es an der Kälte. Ich machte einen Versuch nach dem anderen, und Joe versuchte es natürlich auch, aber wir konnten den Wagen nicht in Bewegung setzen. Und deshalb mußte ich am Ende doch mit dem jungen Mann fahren. Joe gefiel das natürlich gar nicht, und er wollte auch mitkommen, und der junge Mann ... Sean O'Toole, so hieß er, wie er sagte, er sagte gut, gut, aber jetzt kommen Sie endlich. Also sagte ich zu Joe, er solle sich wieder vor den Kamin setzen, und wir fuhren los. Der junge Mann hatte einen alten Cortina, eine richtige Rostlaube, ein typisches Bauernauto.

»Fürchte dich nicht«, sagte der Reiter zu ihr. »Morgen früh setze ich dich vor deiner Türschwelle wieder ab.«
Sie stieg hinter ihm auf die Stute.

Wir schwiegen während der ganzen Fahrt. Der Motor machte einen Höllenlärm, wir hätten ohnehin kein Wort verstehen können, und der Mann war sowieso sehr schweigsam. Ich konnte nur die Straßenlaternen und ab und zu einen Wegweiser sehen: Enniskerry, Sallygap, Glendalough. Und nachdem wir die Hauptstraße verlassen hatten und in die Berge fuhren, gab es keine Straßenlaternen und keine Häuser mehr, in denen Lampen brannten, es gab nur die schwarze Nacht. Annamoe liegt wirklich absolut abgelegen, niemals würde man annehmen, daß man nur zehn Meilen von Bray entfernt ist, so einsam ist es dort. Und das Haus lag am Ende einer Stichstraße, wo es sonst rein gar nichts zu sehen gab, kein anderes Haus, nicht mal ein Schaf. Das Haus war auch kaum zu sehen. Es lag ganz tief, neben der Straße in einer Art Senke. Man konnte es erst entdecken, wenn man genau davorstand. Und es war von Bäumen umgeben. Der junge Mann hielt vor einem Gittertor und hupte einmal laut und energisch, und ich fuhr zusammen, als daraufhin sofort das Tor geöffnet wurde. Ich konnte nicht sehen, wer es aufmachte. Aber ich nehme an, daß es einer seiner Brüder war. Sicher hatten sie schon auf ihn gewartet.

Es war ein großes Haus, und es war wirklich gut eingerichtet, und er führte mich in die Küche und stellte mich dort allen vor. Wirklich höflich. Die Küche war groß, mit einer riesigen rot gestrichenen Anrichte, die mit allerlei Porzellan und Töpfen und Geräten gefüllt war. Und in der Küche saß ein halbes Dutzend Menschen oder vielleicht noch mehr. Alle vor dem Fernseher. Die Talkshow war noch immer nicht zu Ende, und dieses Callgirl redete gerade. Sie sprach mit einem Geistlichen über Arbeitslosigkeit. Und alle hingen vor der Glotze, die ganze Bande, die Mutter und der Vater, wie ich annahm, und eine ganze Familie von erwachsenen Männern und Frauen. Seine Familie oder ihre, ich machte mir nicht die Mühe zu fragen. Und umsonst gaben sie auch keine Auskünfte. Es war schon komisch, das sah ich sofort, diese Menschenmenge, und alle lebten zusammen. Genau wie in »Dallas«.

Egal, wir hatten keine Zeit zu verlieren. Die Mutter bot mir eine Tasse Tee an, das muß ich zu ihren Gunsten sagen, und ich sagte, ja, wunderbar, ich sehnte mich wirklich danach. Ich hatte seit sechs Uhr nachmittags keinen Tee mehr getrunken, und jetzt war es schon nach Mitternacht. Ich sagte aber, ich wolle mir zuerst die Patientin ansehen. Und deshalb führte eine, ich nehme an, eine Schwester, sie war die jüngste von allen Anwesenden, mich in das Zimmer, wo sie lag. Dieses Mädchen, Sarah. Sie lag auf dem Bett, ganz allein. Im Zimmer brannte kein Feuer, es war kalt und karg.

Nach einer Weile kamen sie zu einem hohen Hügel. Eine Tür im Hügel tat sich auf, und sie gingen hinein. Sie ritten weiter, bis sie ein großes Haus erreicht hatten. Dort saß eine große Menge Menschen bei Speis und Trank. In einer Ecke des Hauses lag eine Frau in den Wehen.

Ich sagte kein Wort, zog einfach die Handschuhe an und untersuchte sie. Ich konnte alle fünf Finger hineinschieben, sie war also schon ziemlich weit, und sie mußte arge Schmerzen haben, aber sie ließ sich nichts anmerken, wirklich nichts. Sie knirschte einfach nur mit den Zähnen. Sie war jung und tapfer, das muß ich ihr lassen. Das Fruchtwasser war schon abgegangen, und natürlich hatte niemand es aufgewischt, und deshalb bat ich die andere junge Frau darum und um einen Heizstrahler und einen Kessel mit kochendem Wasser. Ich blieb bei Sarah sitzen, und um kurz vor eins kam das Kind. Ein Mädchen. Es war eine sehr leichte Geburt, und die Kleine schien gesund zu sein, wenn auch sehr klein. Es gab keine Möglichkeit, sie zu wiegen, aber es hätte mich gewundert, wenn sie mehr als fünf Pfund auf die Waage gebracht hätte.

»Sie gehört eigentlich in einen Brutkasten«, sagte ich zu Sarah, die jetzt eine Zigarette rauchte. Sie schwieg. Was hätte ich tun sollen? Ich wusch die Kleine... sie war wirklich niedlich, Gott möge ihr gnädig sein... ich wickelte sie in eine Decke und legte sie zu ihrer Mutter. Es war nichts für sie vorbereitet, kein Kinderbettchen, nicht einmal ein alter Karton. Aber in solchen Fällen ist das oft so. Niemand will davon wissen.

Ich kümmerte mich um die Nachgeburt, und dann ging ich. Ich wollte zurück in mein eigenes Bett. Sie hatten mir den Tee gebracht, aber ich hatte keine Zeit zum Trinken, ich war viel zu beschäftigt. Danach wollte die Mutter, wenn sie das war, mich zu einer Tasse Tee in die Küche bitten. Aber ich wollte nur noch fort aus diesem Haus. Alle waren so still und auf seltsame Weise unfreundlich. Abgesehen von der Mutter. Aber auch sie überschlug sich nicht gerade, das nicht. Und die anderen. Saßen alle wie die Zombies da und sahen sich den Spätfilm an. Ich bekam eine Gänsehaut, als ich sie ansah. Ich sagte, das Kind sei so klein, sie müßten etwas unternehmen, aber sie stellten sich taub. Der Vater, der alte Mann, drückte mir einen Geldschein in die Hand ... in der Hinsicht hatte die Sache sich gelohnt, das muß ich zugeben ... und sagte: »Danke.« Die anderen schwiegen allesamt. Sie hingen vor dem Fernseher, als ob nichts passiert wäre. Ich hätte sie anschreien mögen, wirklich. Aber was hätte ich tun sollen? Egal, der junge Mann, Sean, der Vater, wie er gesagt hatte, fuhr mich nach Hause. Und damit war die Sache erledigt.

Gut und schön. Ich erzählte niemandem, was in dieser Nacht passiert war, abgesehen natürlich von Joe. Ich rede nie über solche Dinge, das wäre nicht richtig. Alle haben ein Recht auf ihr Privatleben, finde ich, und in meinem Beruf muß man sehr vorsichtig sein. Aber ich muß schon sagen, daß ich die ganze Zeit an diese Leute dachte. An das kleine Mädchen, das Kind. Im tiefsten Herzen wußte ich, ich hätte sie nicht in dem Haus lassen dürfen, am Ende der Welt, bei Annamoe. Sie war viel zu klein, sie hätte Pflege gebraucht. Und die Mutter, Sarah, auch an die mußte ich denken. Sie hatte zwar ausgesehen, als ob sie auf sich selbst aufpassen könnte, aber ihre Familie war ja nicht übermäßig herzlich gewesen. Das nun wirklich nicht.

Aber für mich war die Sache erledigt.

Bis ich dann ungefähr eine Woche später einen schrecklichen Schock erlitt, als ich die Abendzeitung aufschlug und dieses Mädchen, Sarah, mich anstarrte. Ihr rundes Kindergesicht, ihre rote Mähne. Und dann las ich über das Baby. Jemand hatte es tot in einem Schuhkarton gefunden, auf einer Art Müllkippe hinter dem Haus. Sie wurde verhaftet, zum Verhör geholt, zusammen vielleicht mit Sean O'Toole, das weiß ich nicht genau. Zum Verhör geholt. Ich hätte auf der Stelle tot umfallen können.

Dann erzählte ich Joe alles.

»Du hältst den Mund, Frau«, sagte er. »Du hast deine Arbeit getan und bist dafür bezahlt worden. Der Rest geht dich nichts an.«

Das war ein guter Rat. Aber wir können nicht jeden guten Rat befolgen. Wenn wir das täten, sähe die Welt anders aus.

Die Sache ging weiter. Die Zeitungen berichteten. Das Fernsehen berichtete. Es gab Vernehmungen und noch mehr Vernehmungen und Gerichtsverhandlungen und Revisionen und was weiß ich nicht alles. Das ganze Land nahm an der Sache teil.

Und mein Gewissen ließ mir keine Ruhe. Es machte mir die ganze Zeit zu schaffen. Ich konnte nicht schlafen, und deshalb konnte ich auch nicht essen. Ich war wirklich fertig. Deprimiert war ich, und dabei hatte ich mein ganzes Leben nichts von Depressionen wissen wollen. Und es ist nicht gelogen, wenn ich erzähle, daß ich gerade zum Arzt ging, um mir Valium verschreiben zu lassen, als ich erkannte, daß es für mich nur eine Möglichkeit gab. Ich machte also auf dem Absatz kehrt und ging zur Wache. Ich ging hinein und sprach mit dem diensthabenden Beamten. Und als ich gesagt hatte, warum ich gekommen war, gab es kein Zurück mehr. Alles, was ich erzählen konnte, interessierte ihn natürlich sehr, und er fragte, ob ich vor Gericht aussagen würde, und ich sagte, natürlich. Was auch die Wahrheit war. Ich wollte nicht, aber wenn es sein mußte, würde ich es tun. Wo ich schon so weit gegangen war, würde ich das natürlich tun.

Ich fühlte mich wie neugeboren, als ich die Wache verließ. Mir war wirklich ein Stein vom Herzen gefallen. Ich kam mir vor wie nach einer Beichte, in der mir die Absolution für eine Todsünde erteilt worden war. Nicht, daß ich je eine begangen hätte, natürlich. Aber Sie wissen schon, was ich meine. Ich war erleichtert.

Gut und schön.

Aber dann. Sie werden nicht glauben, was dann passierte. Ich ging gerade zu meinem Wagen zurück, als ein junger Mann ... ich hatte ihn schon einmal gesehen, das wußte ich, aber ich wußte nicht wo. Er könnte der Junge gewesen sein, der mich in der Nacht geholt hatte, Sean, aber er sah doch nicht ganz so aus. Ich konnte ihn einfach nicht unterbringen... aber egal, da stand er nun, vor meinem Wagen. Und ich sagte, guten Tag, sicherheitshalber, für den Fall, daß ich ihn doch kannte, für den Fall, daß es doch Sean war. Er schwieg jedoch. Er schaute sich nur nach allen Seiten um, und als er sah, daß die Luft rein war, zog er ein riesiges Messer aus seiner Brusttasche und zeigte damit auf meinen Bauch. Mein Herz blieb fast stehen. Und dann sagte er, ganz leise, wie ein Gangster in einer Fernsehserie:

»Du hältst den Mund. Sonst!«

Und dann drückte er mir hundert Pfund in die Hand und war verschwunden.

Ich war außer mir. Ich weiß gar nicht, wie ich in meinem Schock heil nach Hause gekommen bin. Natürlich habe ich Joe alles erzählt. Aber er hatte nicht viel Mitgefühl zu bieten.

»Großer Gott, Frau«, sagte er. »Wie konntest du nur zur Polizei gehen? Du mußt den Verstand verloren haben. Als nächstes werden sie dich verhaften!«

Na, ich hatte meine Lektion gelernt. Eine Woche später kam die Polizei, aber ich sagte nichts. Ich sagte, ich wisse nichts und hätte nie von ihnen gehört, von der Familie, meine ich. Und sie konnten natürlich nichts machen, gar nichts. Der Beamte hatte mich meine Aussage nicht unterschreiben lassen, und das war sein Fehler und mein Glück, nehme ich an, ich weiß wirklich nicht, was sonst passiert wäre. Ich habe später gebeichtet, daß ich die Polizei belogen hatte, einem Karmeliter in der White Friar Street. Und nicht irgendeinem Geistlichen, den ich kannte. Und er sagte, Gott werde das verstehen. »Sie haben Ihr Bestes getan, mehr verlangt Gott nicht von Ihnen. Er verlangt nicht, daß wir unser Leben aufs Spiel setzen.«

Manchmal denke ich an das Baby. Es war ein niedliches kleines Ding, das steht fest. Mit guter Pflege hätte es vielleicht eine Chance gehabt. Aber schließlich, was weiß denn ich?

Eilís Ní Dhuibhne: *Hebamme für die Feen.* – Mit freundlicher Genehmigung von Eilís Ní Dhuibhne und der Übersetzerin Gabriele Haefs.

KARINA SAINZ BORGO

Das dritte Land

Die venezolanische Autorin Karina Sainz Borgo (geb. 1982) erzählt in ihrem Roman *Das dritte Land* (2023) von Eltern, deren Zwillinge im Alter von nur sieben Monaten gestorben sind. Angustias Romero, die Mutter, zieht mit ihren toten Kindern auf dem Rücken weiter durch das nicht näher benannte Land, das von Not und Verbrechen verwüstet ist. Sie kommt zu einem Friedhof, wo eine Frau dafür kämpft, dass Menschen, die, von Armut getrieben, auf der Flucht sind, eine Grabstätte finden für ihre verstorbenen Angehörigen – denn Mütter, deren Babys kurz nach der Geburt gestorben sind, brauchen einen Ort für ihre toten Kinder. Es ist ein unvorstellbarer Schmerz, von dem hier erzählt und der auf jeder Seite spürbar wird. So auch, als sich Angustias Romero an die Geburt ihrer Zwillinge erinnert.

Salveiro war nicht rechtzeitig gekommen. Es fehlten noch mehrere Wochen bis zur Geburt, und wir hatten beide nicht damit gerechnet, dass es schon so weit sein könnte. Ich wusch gerade einer Kundin die Haare, da spürte ich es im Bauch zwicken, als wollten die Kinder sich aus meinem Körper zwängen. Ich frisierte die Kundin fertig, schloss den Salon und nahm mir ein Taxi.

Ich weiß nicht, wie ich in den Operationssaal gekommen bin, ich erinnere mich nur, dass die Schwestern mit einer Rasiererklinge zwischen meinen Beinen herumkratzten. Als wollten sie mich nicht nur rasieren, sondern mir gleich die ganze Haut abschaben. Ich lag auf der Krankenliege und schaute hoch zu den staubigen Neonröhren an der Decke. Ich wusste nicht, wer sich um mich kümmern würde. Ich hatte keine Ahnung, wie viel Uhr es war. Ich hatte Durst und einen Schmerz, als würden mir Nägel zwischen Rücken und Schambein gerammt. Der Arzt nannte mich beim Namen, aber ich kannte seinen nicht und konnte sein Gesicht nicht sehen, nur die Augen über dem Mundschutz.

Mein Körper gehorchte mir nicht mehr. Von Zeit zu Zeit verkrampfte er sich von selbst, oder die Krankenschwester sagte mir, dass ich pressen sollte. Ich hatte das Gefühl, seit Jahren dort zu liegen und zu gebären. Hinter mir piepten Maschinen in unregelmäßigen Abständen.

»Der Anästhesist soll kommen«, sagte der Arzt.

Die Krankenschwester ging hinaus und kam mit einem Mann zurück, der ihr befahl, mir den Arm zu halten, während er etwas in den Schlauch spritzte, der darin steckte. Die Maschinen piepten immer schneller.

»Rufen Sie den Kardiologen.«

»Was ist los?«, fragte ich die Schwester. »Haben Sie meinen Mann verständigt?«

»Er ist draußen«, log sie.

»Bald ist es geschafft, Angustias. Atmen Sie tief ein und aus.«

Der Arzt setzte das Skalpell an, ich spürte nichts. Die Zeit verging, ich wusste nicht, wie viel, eine Minute? Eine Stunde? Zwei? Higinio kam als Erster, ohne einen Schrei. Der Arzt trug ihn schnell zu einem Bettchen und drückte ihm mehrmals auf die Brust. Bei Salustio war das nicht nötig. Sein Herz schlug zumindest.

Ich stand vor der Wanduhr, auf der es Punkt sechs Uhr morgens war, und dachte an meine Söhne. Ich brachte sie nicht aus meinem Kopf. Es mochte ein böses Omen sein, aber die Erinnerungen ließen mich nicht los. Consuelos Entbindung machte sie wieder lebendig, als hätte ich sie nie begraben. Ich hatte mehr Zeit ohne sie verbracht, als ich sie in den Armen gehalten habe. So viel Schmerz für so wenig Leben. Es war, als hätte ich sie nur in die Welt gebracht, um sie einmal kurz zu sehen.

Karina Sainz Borgo: *Das dritte Land*. Roman. Aus dem Span. von Angelica Ammar. Frankfurt a. M.: S. Fischer, 2023. S. 304-306. – © 2023 S. Fischer Verlag GmbH, Frankfurt a. M.

MELISSA DA COSTA

Apfeltage

Bei allen Verbesserungen in der modernen Medizin und einer nahezu lückenlos perfekten Betreuung bleibt eine Geburt lebensgefährlich für Mutter und Kind. Die 1990 geborene französische Autorin Melissa da Costa schildert in ihrem Roman *Apfeltage* (2022) das unendlich traurige Schicksal einer Frau, die hochschwanger durch einen Unfall ihren Mann verloren hat, mit dem sie sich gemeinsam liebevoll auf die Geburt ihres ersten Kindes vorbereitet hatte. Als die Wehen einsetzen, ist sie durch die Trauer um ihren Mann seelisch gelähmt. Ihr Schwiegervater versucht, sie bei der Geburt zu unterstützen, kann ihr aber nicht wirklich helfen. Sie schafft es nicht, sich auf die Geburt einzulassen. So zumindest nimmt sie es selbst wahr, wodurch sie sich am Ende schuldig am Tod des kleinen Mädchens fühlt.

Ich übergebe mich auf den weißen Tisch, auf Benjamins Leichnam. Man stützt mich. Dann ein schwarzes Loch.

Es ist der Schmerz einer Wehe, der mich einige Minuten später wieder aufwachen lässt. Nicht die Glukoselösung, die man mir in die Venen leitet, oder die kühlen Waschlappen auf meiner

Stirn. Ein stechender Schmerz ganz tief in meinem Bauch raubt mir den Atem. Ich bin im dritten Stock des Krankenhauses, in der gynäkologischen Abteilung. Fünf Stockwerke trennen mich von Benjamin.

Sie sagen, es sei alles in Ordnung, man werde sich um mich und mein Baby kümmern. Sie sagen, die Wehen, die ich fühle, seien durch den schweren Stress ausgelöst worden, aber es gebe keinen Grund zur Sorge, sie würden bald wieder aufhören. Das Baby sei noch nicht bereit zu kommen, und ich solle mich jetzt ausruhen und versuchen, mich zu entspannen.

»Benjamin ...«

Jemand legt mir eine Hand auf die Stirn.

»Ihre Schwiegereltern sind gleich da, Madame Luzin. Bleiben Sie ruhig. Denken Sie an Ihr Baby.«

Ich verstumme, nicht weil ich besonders gehorsam wäre, sondern weil mich erneut dieser stechende Schmerz durchfährt. Weil ich es noch immer nicht richtig glauben kann. Benjamin da und eine Sekunde später nicht mehr da. Die *Fête de la Musique*. Abendessen in einem Restaurant. Limonade trinken. Der krachende Böller. Das herumgerissene Motorrad. Der Lieferwagen. Der entstellte Körper. Die weit geöffneten Augen. Ich bekomme kaum noch Luft. Die anderen scheinen es zu bemerken, denn plötzlich stehen drei Leute um mich herum und fordern mich auf, mich zu beruhigen. Ein Mann, zwei Frauen. Ich kann das Kind jetzt nicht zur Welt bringen, sagen sie, das Baby hat sich noch nicht gedreht, es ist noch zu früh.

»Haben Sie mich verstanden, Madame Luzin? Es ist noch zu früh. Versuchen Sie, sich zu entspannen, atmen Sie ruhig. Die Schmerzen werden aufhören, und dann fahren Sie wieder nach Hause, einverstanden?«

Doch sie wechseln besorgte Blicke, schauen immer wieder auf den Monitor. Ich rufe nach Benjamin, Anne Richard, ganz gleich wem, denn ich spüre ganz deutlich, dass etwas nicht in Ordnung ist. Ich brauche sie an meiner Seite.

Das Pflegepersonal schafft es nicht, mich zu beruhigen. Mein Atem verwandelt sich in ein Keuchen. Der Mann hebt die Stimme, um zu mir durchzudringen: »Ich hole sie her, einverstanden?«

Aber er kommt nicht zurück. Die Minuten verstreichen. Draußen ist es dunkel geworden. Ich zähle. Drei. Vier. Fünf. Sechs. Sechs weitere Wehen. Sie haben gesagt, es würde aufhören... Aber das Gegenteil ist der Fall. Eine der beiden Frauen geht hinaus und kommt mit einem Arzt zurück. Auch er starrt mit einem seltsamen Ausdruck im Gesicht auf den Bildschirm, runzelt die Stirn.

»Sieht aus, als verlangsamte sich der Herzschlag.«

Ich spüre, wie diese entsetzlichen Worte in mich eindringen wie eine scharfe Klinge. Ich versuche, etwas zu sagen, aber ohne Erfolg.

»Die Wehen?«

»Haben plötzlich eingesetzt. Vollkommen unregelmäßig, aber der Abstand wird kürzer. Der Körper ist noch nicht so weit. Und es hat sich noch nicht gedreht.«

»Und der Muttermund?«

»Knapp zwei Finger.«

Der Klang ihrer Stimmen verrät mir, dass es nicht gut läuft. Ich hätte mich nicht von diesem ersten Sommertag täuschen lassen sollen, von seinem Sonnenschein, seiner Leichtigkeit und seinem Versprechen auf künftiges Glück. In nicht einmal zwei Stunden wurde meine gesamte Welt zerstört.

Ich weiß nicht, dass Anne zur gleichen Zeit im zweiten Untergeschoss eine Panikattacke erleidet, dass Richard und die Rechtsmedizinerin sie zu beruhigen versuchen, dass das der Grund ist, warum sie nicht hier bei mir sind. Mit schreckgeweiteten Augen starre ich unverwandt zur Zimmertür und warte darauf, dass sie endlich kommen.

Der Monitor piept, und sie stellen sich davor, um mir die Sicht zu verdecken. Hastig beginnen sie zu tuscheln. Ich beobachte sie aus meiner abgrundtiefen Verzweiflung heraus und bringe kein Wort über die Lippen. Schließlich verkünden sie mir in zuversichtlichem Ton und mit ihrem beruhigendsten Lächeln, dass sie mir eine Hormonlösung spritzen werden, um die Geburt einzuleiten. Sie sagen, ich werde mein Kind in dieser Nacht zur Welt bringen, wahrscheinlich noch vor Tagesanbruch, meine kleine Tochter wird bald da sein.

Nach der Injektion werden die Schmerzen zu stark, als dass ich noch einmal an die Oberfläche meines Bewusstseins zurückkehren könnte. In diesem zeitlosen Strudel taucht plötzlich Richards Gesicht vor mir auf. Haselnussbraune Augen, an deren Anblick ich mich festklammere. Ich kenne sie. Benjamin hat die gleichen. Ich weine. Ich zittere. Er hält meine Hand. Er fordert mich auf, tapfer zu sein, zu atmen, den Anweisungen der Hebamme zu folgen.

Glühend rote Dreiecke tanzen vor meinen Augen. So visualisiere ich den Schmerz, der mich zerreißt. Verzweifelt und einer Ohnmacht nahe rufe ich nach Benjamin, und Richard wiederholt unablässig, ich müsse jetzt tapfer sein. Aber kein Geburtsvorbereitungskurs hat mich auf das hier vorbereitet. Er war immer da, immer an meiner Seite. Er sollte hier sein. Er sollte meine Hand halten und mir die Stirn abtrocknen. Heute Abend ist er tot, und ich kann das nicht. Ich kann mein Baby nicht zur Welt bringen. Doch das begreife ich erst mit Verzögerung, viel zu spät, nachdem drei besorgte Krankenschwestern den Kreis um mein Bett erweitert haben.

»Madame, dem Baby geht es schlecht. Sie müssen jetzt mithelfen. Entspannen Sie sich, atmen Sie so, wie wir es Ihnen zeigen, ja? Wenn Sie das nicht schaffen, müssen wir es holen.«

Ihre Worte sind hohl, dringen nicht in mein verzerrtes Bewusstsein. Ich kann ihnen nicht helfen. Ich kann das Baby nicht zur Welt bringen. Nicht ohne Benjamin.

Ich glaube, Richard flüstert mir etwas ins Ohr. Er weint. Tränen laufen ihm über die Wangen. Der Kreis um mich herum ist noch größer geworden. Draußen glaube ich die ersten Anzeichen der Morgendämmerung zu erkennen, auch wenn mir das vollkommen unmöglich erscheint. Ich habe jedes Gefühl für das Verstreichen der Stunden verloren.

Richard richtet sich wieder auf, ein Arzt legt ihm eine Hand auf die Schulter und führt ihn sanft zur Tür. Sie schicken ihn hinaus. Ich weiß nicht, wieso. Ich sehe, wie sich die Tür hinter seinem gebeugten Rücken schließt, dann die Nadel für die Lokalanästhesie.

Manons Herz hat aufgehört zu schlagen.

Sie haben sie so schnell wie möglich aus meinem Bauch geholt. Das haben sie mir versichert. Ohne jede Rücksicht haben sie meine Haut aufgeschnitten, und ich mache ihnen deswegen keinen Vorwurf. Sie mussten sich beeilen.

Ich konnte nichts sehen, als sie sie herausholten. Hastig scharten sie sich um sie. An meinem Bett, um meinen leidenden, geöffneten Körper herrschte hektische Betriebsamkeit. Ich glaube, sie haben sie minutenlang wiederzubeleben versucht. Zumindest habe ich das im Nachhinein so verstanden. Aber vergeblich. Ihr kleiner Körper war noch nicht vollständig ausgebildet. Ihm fehlten noch zwei Monate, um wehrhaft zu sein, bereit, sich der Welt da draußen zu stellen. Außerdem hatte ihr Herz zu lange nicht geschlagen. Eine Minute und zweiundfünfzig Sekunden, bei einem Frühchen gibt es da keine Rettung.

Sie haben sie mir auf die Brust gelegt. Mich gefragt, ob ich ihr trotzdem einen Namen geben wolle. Sie haben sie zugedeckt, als könnte ihr kalt werden. Ihr winziger Körper war mit Blut und einer merkwürdigen weißen Flüssigkeit verschmiert. Sie hatte keinen Flaum auf dem Kopf. Und was ihre Augen anging, so konnte ich nicht sehen, ob Benjamin und ich ihre Farbe richtig erraten hatten. Sie waren geschlossen.

Richard kam später wieder, und er blieb bei mir, bis man mir mein Baby wegnahm. Meine kleine Manon. Tot zur Welt gekommen an einem 22. Juni um 5 Uhr 58.

Melissa da Costa: *Apfeltage*. Roman. Aus dem Franz. von Nathalie Lemmens. München: Penguin, 2022. S. 53-57. - © 2023 Penguin Verlag, München, in der Penguin Random House Verlagsgruppe GmbH.

PAUL GERHARDT

An die Eltern bei dem Grabe ihres Kindes

Der Theologe und Dichter Paul Gerhardt (1607–1676) ist besonders mit seinen Trostgesängen »Fröhlich soll mein Herze springen«, »Geh aus, mein Herz, und suche Freud« und »Befiehl du deine Wege« in der heutigen Zeit präsent. Zu seinen Lebzeiten tobte der Dreißigjährige Krieg mit Hungersnot, Seuchen, Übergriffen von Soldaten und Plünderungen. Gerhardt setzte in diesen schweren Zeiten mit seinen Gedichten der Atmosphäre von Angst und Schrecken seinen Glauben an Gott, Liebe und Zuversicht entgegen. Zu seiner Zeit feierte man häufig erst den dritten Geburtstag eines Kindes, weil die Säuglingssterblichkeit hoch war und man sich nicht früh emotional an ein Kind binden wollte. In Paul Gerhardts Familie gab es fünf Kinder, von denen vier früh starben. Nur ein Sohn – Paul Gerhardt – überlebte seine Eltern.

Leid ist mir's in meinem Herzen
Um die, so dir, liebes Kind,
Mit so großem Weh und Schmerzen
Um den Hals gefallen sind,
Da du dich bei deinem Ende
Gabst in deines Gottes Hände.

Ach, es ist ein bittres Leiden
Und ein rechter Myrrhentrank
Sich von seinen Kindern scheiden
Durch den schweren Todesgang!
Hier geschieht ein Herzensbrechen,
Das kein Mund recht kann aussprechen.

Aber das, was wir beweinen,
Weiß hiervon ganz lauter nichts,
Sondern sieht die Sonne scheinen
Und den Glanz des ewgen Lichts,
Singt und springt, und hört die Scharen,
Die hier seine Wächter waren.

Muss das Leibchen gleich verwesen,
Ist's ihm doch ein schlechter Schad:
Gott wird schon zusammenlesen,
Was der Tod zerstreuet hat.
Treu ist er und fromm den Seinen,
Trägt sich auch mit ihren Beinen.

Diesem Herrn ist nichts verdorben:
Wenn des Todes Nacht vorbei,
Nimmt Er das, was war gestorben
Und macht's wieder ganz und neu.
Also werden wir zur Erden,
Dass wir mögen himmlisch werden.

Auf verwegen! Seid zufrieden,
Vaterherz und Muttergeist!
Lasset schlafen, was geschieden
Und zu Gott ist hingereist.
Was für Tränen ihr vergossen,
Wollen sein mit Trost geschlossen.

Wandelt eure Klag in Singen,
Ist doch nunmehr alles gut!
Trauern mag nicht wiederbringen,
Was im Himmelsschoße ruht.
Aber wer getrost sich gibet,
Ist bei Gott sehr hoch beliebet.

Paul Gerhardt: *Dichtungen und Schriften*. Hrsg. und textkritisch durchges. von Eberhard von Cranach-Sichart. München: Paul Müller, 1957. S. 355 f.

LILY BRAUN
Memoiren einer Sozialistin

Die Sozialistin Lily Braun (1865–1916) wurde geboren als Amelia Jenny Emilie Klothilde Johanna von Kretschmann. Ihr großes Lebensthema war die Verbesserung der Lebensumstände von Frauen. Sie kämpfte dafür, dass Frauen ihr eigenes Geld verdienen und unabhängig von Männern werden sollten – und dazu gehörte für sie auch die Vereinbarkeit von Beruf und Mutterschaft. Es ist erstaunlich, dass es bis in unsere heutige Zeit immer wieder Rückschläge auf diesem Weg gab und der Kampf immer noch geführt wird. So ist Lily Braun auch noch im 21. Jahrhundert überraschend modern in ihren Ansichten und Zielen.

Ahnungslos, wie alle wohlgehüteten Mädchen ihrer Zeit und ihrer Lebenskreise, war Ilse in die Ehe getreten. Keusch wie sie war der Mann, dem sie sich vermählt hatte, aber umso gewaltiger war die Glut seiner Liebe und seines Begehrens, während ihre Sinne noch schliefen und das große, tiefe Geheimnis des Geschlechts sich ihr wie eine grässliche Untat offenbarte. Sie hat mir oft erzählt, dass sie in den ersten acht Tagen ihres Zusammenlebens mit ihrem Mann am liebsten davongelaufen wäre, wenn sie sich nicht vor ihren Eltern geschämt hätte. Erst ganz allmählich kam ihr die Erkenntnis, dass ihr Gatte kein Verbrecher, ihr Schicksal kein abnormes war. Zu den seelischen Leiden, mit denen sie ihn, der so liebevoll, so zartfühlend und weichherzig war, wohl noch mehr quälte als sich selbst, kamen körperliche Beschwerden hinzu, deren Ursachen sie ebenso verständnislos gegenüberstand. Sie suchte sie mit der ihr eignen Energie zu beherrschen, umso mehr, als sie sich unter den ihr fremden Kleveschen Verwandten befand; sie teilte auch ihrer Mutter nichts davon mit, um die Überängstliche nicht unnötig, wie sie meinte, aufzuregen. Tapfer beteiligte sie sich an allen Ausflügen, allen ländlichen Festen; tanzte und ritt, obwohl es ihr oft vor den Augen dunkelte und der Schwindel sie zu übermannen drohte. So kehrte die junge Frau bleich und müde zurück, die, ein Bild blühender Gesundheit, das Elternhaus verlassen hatte. Der Schatten dieser ersten Schmerzen und Enttäuschungen fiel über ihr ganzes Leben.

Der Großmutter blutete das Herz, als sie ihr Kind wiedersah. Bald aber war sie beruhigt und zärtlicher Freude voll in dem Gedanken an das junge Leben, das sich im Schoße der Tochter entwickelte. Nur allzu früh sollte die Hoffnung, die von Ilse selbst nur qualvoll empfunden wurde, zerstört werden; und statt einer Wöchnerin pflegte die Großmutter eine schwer kranke junge Frau. Erst die würzige Herbstluft von Pirgallen heilte sie, und der Königsberger Karneval sah sie als eine der schönsten der Schönen im fröhlichen Kreise der Jugend wieder.

Lily Braun: *Memoiren einer Sozialistin*. München: Albert Langen, 1909. S. 13 f.

KÄTHE KRUSE

Ich und meine Puppen

Wer eine Puppe von Käthe Kruse (1883–1968) in Händen hält, spürt, dass sie etwas ausstrahlt, das man in Ermangelung anderer Worte »Liebe« nennen könnte. Käthe Kruse war Schauspielerin und mit dem Bildhauer Max Kruse (1854–1942) verheiratet. Der Legende nach bat sie eines Tages ihren Mann, für die älteste Tochter aus Berlin eine Puppe mitzubringen. Max Kruse fand damals im Jahr 1904 keine Puppe, die er seinem Töchterchen hätte schenken wollen, und so schuf Käthe Kruse mit ihm zusammen die später so berühmten Puppen. Sie war eine liebevolle, starke, in alle ihre Kinder vernarrte Mutter, die aber auch viel Leid ertragen musste. Im Zweiten Weltkrieg starben zwei ihrer Söhne, einen Sohn brachte sie tot zur Welt.

Hannerle, Johanna Irmfriede Ceres wurde im Juni 1909 in Neukirchen bei Teisendorf geboren, wo wir von München kommend auf der Reise nach Ascona Station machten, d. h., ein altes Haus am Hang inmitten der üppigst blühenden Wiesen gemietet hatten. Dort setzten wir uns oft in eine Kutsche und fuhren durch die Wiesen, durch dieses unbeschreiblich schöne Land, ringsum die blauen Berge und davor ahnend der Chiemsee.

Nachts durften Mimel und Fifel noch auf Zehenspitzen hereinkommen, die von ihrem dünnen Stimmchen geweckt worden waren. Hannerle war von Anfang an »brav« und ist es immer geblieben.

Sie war mein viertes Kind, denn am 11. April 1908 war in Ascona mein Bübchen tot zur Welt gekommen. Damals hat mir niemand sagen können, woran er starb, aber es ist wohl jetzt klar, daß sich die Nabelschnur ums Hälschen gewickelt hatte, also eine Unachtsamkeit der Hebamme. Ich nannte ihn in der Verwirrung Johannes, aber ich hätte ihn »Balder« nennen sollen, »Balder ist tot, mich friert!«

Fifi brachte mir ihre Puppe, den Elefanten, den Esel ans Bett, alles, was sie finden konnte, um mich zu trösten, aber Mimerle schluchzte mit einemmal hell auf und sah mich erschüttert an: »Aber Mutti, warum gibt er's dir dann erst, der liebe Gott, wenn er's dir gleich wieder nimmt? Das kann ich doch gar nicht verstehen.«

Ich konnte es auch nicht, und Max hat es nicht einmal gesehen, und es war so wunder-wunderschön und schien zu schlafen.

Und nun, also vierzehn Monate später, Hannerle, was für ein Trost für mich, wieder ein ganz, ganz kleines.

Käthe Kruse: *Ich und meine Puppen*. Freiburg i. Br.: Herder, 1982. S. 104 f. – © 1982 Herder, Freiburg i. Br.

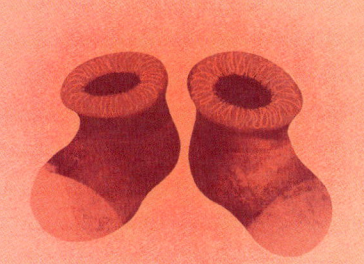

Dank

Für Anregungen, Ideen und Gespräche danke ich von Herzen Petra Röhl und Wolf Lütje.

Für Gerhild

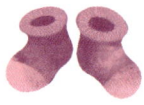

Motto auf S. 9: Meister Eckhart: Die deutschen und lateinischen Werke. Hrsg. im Auftrage der deutschen Forschungsgemeinschaft. Dritter Band: Die deutschen Werke. Hrsg. und übers. von Josef Quint. Predigten. Dritter Band. Stuttgart: Verlag W. Kohlhammer, 1976. S. 570.

2024 Philipp Reclam jun. Verlag GmbH,
Siemensstraße 32, 71254 Ditzingen
Umschlaggestaltung: Philipp Reclam jun. Verlag GmbH
Umschlagabbildung und Illustrationen: Amarins de Jong
Druck und buchbinderische Verarbeitung:
Friedrich Pustet GmbH & Co. KG,
Gutenbergstraße 8, 93051 Regensburg
Printed in Germany 2024
Reclam ist eine eingetragene Marke
der Philipp Reclam jun. GmbH & Co. KG, Stuttgart
ISBN 978-3-15-011477-3
www.reclam.de